部下がついてくる、動いてくれる

リーダーの教科書

室井俊男　Toshio Muroi

明日香出版社

はじめに

「リーダーって素晴らしい役割ですね」

「リーダーとしてメンバーに向き合うのが楽しみになりました」

「自分の目指すリーダー像が見えてきました」

あなたが本書を読んで、こんな風に思っていただけたら私の願い通りです。

そして、あなたのメンバーが、夢中になって仕事に向かっていく。

その情景を現実に拡げたい。そんな願いで今回、本書を企画しました。


私の志は、「一人ひとりが持っている能力を最大限発揮し、活き活きと夢中になって輝いている人で、この日本をいっぱいにすること」です。

ですから、強権的に「俺はリーダーだ」と権威を振りかざし、圧力をかけてメンバーを意のままに動かすコツや、「いいから黙ってやれ」というように有無を言わさず命令に従わせるにはどうしたらいいか、という内容ではありません。

パワーハラスメントが叫ばれて久しい今のご時世に、そういう意識の方はもはやいないと思います。

それでも、リーダーの中には、「仕事だから」「自分のときはこうだった」という固定観念を大上段に振りかざして、それが唯一正しいと信じ込み、チームやメンバーに当てはめようとしている方がいます。そして結果的に、メンバーのやる気や向上心、積極性などを失わせているケースが多いのも事実です。

良かれと思ってしている行為がまったく逆の結果を生んでしまうのは、リーダーにとってもメンバーにとっても悲しいことです。

顧客や市場がますます多様化して、以前とは比べ物にならないくらい事業を継続的に成長させていくことが難しい時代になりました。市場が多様化しているということは、メンバーの意識や価値観も同様に多様化しているのです。

だからチーム全体に同じ対応をしようとしても、思い通りにはならないのです。

メンバーの一人ひとりをよく観察しなければ導けないのは、あたりまえです。

リーダーとは「目的を示し、メンバーを巻き込み、影響を与えながら、その実現に導く人」です。

本書ではそのプロセスの中で、メンバーがきちんとついてきてくれて、当事者意識を持って、自ら動いてくれるためには、こういうことを意識して実行するといいですよ、ということを書かせていただいています。

あなたのリーダーシップによって、メンバーが活き活きと充実した顔で積極的に働いている姿を目にしたら、きっと嬉しいですよね。

そして、**本書では50人の歴史上の人物、経営者や思想家、著名人たちの名言の力を借りました。**それぞれの言葉が私の記述に加えて、あなたのイメージをきっと拡げることでしょう。

それぞれの先人や偉人たちは、いくつもの苦しみや困難に立ち向かい、悩みながらも乗り超え、血と汗と涙を流した末にこの言葉にたどり着いたのだ、と想像しながらじっくりと何度も読み返しましょう。

人間は言葉に癒され、勇気づけられるものです。

あなたも、これらの素晴らしい言葉から、多くのプレゼントを受け取ってください。

ところで、あなたの思い描く「リーダー像」とは、どのような人物でしょう。

多くの皆さんが、「リーダー」と言えば、生まれつき特別な能力を持った人物をイメージするようです。意志が強く、カリスマ性があって、困難な目標を次々に達成していく特別な存在というイメージです。

しかし、おとなしく、物静かな印象で、人懐こく、そばにいてくれるとなぜか安心できるというリーダーに、私はたくさんお目にかかりました。

その方々のほとんどは、生まれながらのリーダーなどではなく、あとからリーダーシップを自分なりに身につけていった人たちです。

つまり、**リーダーに必要な資質は、後天的に学べるものである**ということです。決して生まれつきのものなどではありません。

本書は、すでにリーダーという役割の方、これからリーダーになる方を対象に、『メンバーが自ら動いてくれるチーム作り』をテーマに書きました。

もちろん、単純に「リーダーとはどういうものだろう」と思っている方にも、きっと役に立つと思います。

あなたにも、周りのメンバーと自分自身を大きく成長させてくれるこのリーダーという「チャンス」を有効に活用して欲しいのです。

では、一緒にリーダーの世界への扉を開けてまいりましょう。

２０１６年10月吉日　室井 俊男

○もくじ　部下がついてくる、動いてくれる　リーダーの教科書

第2章 メンバーと信頼関係を築くコミュニケーション

第3章 メンバー一人ひとりのことをよく知っておく

第4章 メンバーをやる気にさせる方法

第5章 メンバーと仕事で結果を出す

第6章 メンバーを一人前に育てる

第7章 リーダーは孤独である

○装丁 小口翔平＋上坊菜々子（tobufune）
○カバーイラスト 岡村優太

第1章
リーダーの役割・やるべきこと

01 覚悟する

是非に及ばず。

——織田信長（戦国大名）

「覚悟」。あなたはリーダー職を拝命するにあたり「覚悟」をしたでしょうか。

チームリーダーという立場はメンバーが身近であるがゆえ、メンバーの延長線上にあると思いがちです。しかし、それは間違いです。

少人数とはいえ、実際に現場で動いている小集団をまとめるのがリーダーの役目です。そのリーダーが、メンバーの延長という意識で務まらないことは明白です。

戦場であれば、リーダーの指示一つでチーム全員の生き死にが決まります。**メンバーの状況を見ずに、上からの指示をそのまま流してしまえば、情報の徹底もできなければ、メンバーの士気も下げてしまうかもしれません。**

逆にメンバーの顔色ばかりうかがって人気とりに走れば、部門の方針を遂行する妨げをリーダー自らが推進することになります。

リーダーの振る舞い一つで、戦力としてのチームの動静はまったくもって変わってしまうし、成果も著しく変わってしまいます。心しましょう。

もはや、メンバーであるという意識を捨てる覚悟が必要です。

今まで一緒に愚痴を言っていた仲間も、あなたがいないときには違う話題で盛りあがります。また、メンバーはいざとなれば、あなたと一線を引いてくるのです。

「割に合わない。孤独だ」などと言っても仕方がありません。あなたはリーダーなのです。

「是非に及ばず」

これは、織田信長が天下統一への覇道を進む中で、「ここぞ」と行動を起こすときによく口にした言葉です。

また、本能寺の変にて、謀反《むほん》の相手が腹心のメンバーである明智光秀と聞いたときにも、この言葉を発したと言われています。

この言葉、通常は「仕方がない、どうしようもない、やむをえない」など、どちらかといえば諦めた感覚の意味です。

しかし、とり囲む明智軍に対してひるまずに弓を引いて応戦しているところから、「(あれこれと)あだこうだ言って考えても)仕方がない。迎え撃つのみ」と即座に自分の心を切り替えて「覚悟」するために発したと考えられています。

まずは、リーダーになったということを覚悟して受け止めましょう。その「覚悟」こそが、あなたをリーダーにしていくのです。

メンバーと上司の板挟みになるような場面も多いでしょうが、それでもリーダーとして即座に判断し、決断をしなければなりません。

そして成果を上げるべく、チームを同じ方向に動かしていくのです。

今までは、上司や会社の方針に文句を言って「ついていけない」とか「上がバカだ」などと言っている場面もあったかもしれません。

しかし、リーダーであるあなたは、それをしてはいけないのです。

会社や上司が出している方針に納得できないときは、心のベクトルを切り替えて、納得できないのはどんな視点や情報が自らに足りないのかをとことん考えてみましょう。

一朝一夕に腹落ちできるものではありませんが、この訓練なしには真のリーダーシップは身につきません。

「覚悟」。この文字をあなたの心に刻みましょう。

02 最後まで諦めない

やるべきことが決まったならば、執念をもってとことんまで押しつめよ。問題は能力の限界ではなく、執念の欠如である。

――土光敏夫（元石川島播磨重工業社長、元東芝社長・会長）

リーダーとは、「目的に向かって『覚悟』を持って決断し、誰よりも本気で情熱と当事者意識を持って周りを巻き込んで成果に結びつける人」です。

「頑張りましたけど、結果は出せませんでした」では、リーダーの役割を果たしたことにはなりません。

チームの誰よりも結果にこだわり、誰よりも執念を持って最後までとことんやり抜き、成果に結びつける覚悟と気概を持つのが、リーダーです。

そのことが、チームのメンバーの心を鼓舞し、彼らに勇気とエネルギーを与えるのです。メンバーを信じ、チームの力を信じ、このチームなら必ず達成できると最後まで信じきる。その姿がメンバーを感動させ、大きな力を生むのです。

それでも、心が揺らぐときはあります。

しかし、心が揺らいでもいいのです。「ココロ」と言うぐらいですので、コロコロと転がるものです。

肝心なのは、意識して自分のココロの動きを認識することです。ビジネスだから先が見えないことがあっても当たり前、絶対の正解などないに等しいのだから、迷ったとしても当然です。

ただし、その心の内をそのまま言葉や表情・行動として表に出すのか、表向きは平然と黙々と目標に前向きに行動するのかは別の問題です。

今、目の前にいるメンバーたちのリーダーとして、どちらを選ぶのがふさわしいですか。どちらを選択すれば、メンバーが力を発揮し、チーム全体として最高の結果を出すのだろうかという観点で選ぶことです。


そして、自分の心が揺らいでいるとき、執念を持って結果を追い続けるために自分自身へ問いかけるのは次のような質問です。

「どうしたら最高の状態でうまく進むだろう」

「まだやっていないことがあるのではないか」

「何かまだ工夫することがあるとすれば何だろう」

「この状態を打破する協力者がいるとするなら誰だろう」

「この目標を何としてもやりぬくリーダーとして、今できることは何だろう」

そして、**リーダーとしての自分は、『誇りにかけてメンバーとチームと自分のために断**

固としてそれをやり抜く』と心に決めて、それを何度も言葉にしながら行動することです。

その繰り返しが、あなたにリーダーとしての底力と風格を与えます。

「なぜできないのだろう」

「あーやっぱり無理だったのかな」

「そもそも難しすぎたんだ」

などの自分を小さくしてしまうような言葉は、リーダーとして断固として排除しましょう。

このような姿は、必ずメンバーに勇気とエネルギーを与えます。メンバーの心を震わせ、チーム全体の大きな力になっていくはずです。

かのナポレオンも**「戦の勝利は最後の5分間にある」**と言っています。

リーダーの最後までやり抜く選択が、不可能を可能にするのです。

03 判断の「ものさし」を持つ

迷ったときには、
10年後にその決断がどう評価されるか
10年前ならどう受け入れられたかを考えてみればよい。

——鈴木治雄（元昭和電工会長）

メンバーから見て、もっとも困るのはどんなリーダーだと思いますか。
研修時に参加者にアンケートをとると、圧倒的に多いのは、そのときによって言うことが違う一貫性のないリーダーです。

要するに、ブレるリーダーはメンバーから見て困るのです。リーダーのそのときの気分で指示がころころ変わってしまったら、仕事を本当に進めてもいいのか迷いますよね。途中で方針変更ばかりされたら、やり直しの繰り返しでやってられないよ、という気持ちにもなります。いつもアクセルとブレーキを一緒に踏んでいるような状態で仕事をするのは、フラストレーションがたまるものです。

逆に**方針や考え方がある程度推測できるリーダーの元では、仕事をやればやるほど相互理解が進むので、どんどんやりやすくなります。**

リーダーは決断するのが仕事です。
上司から大きな方針や指示は降りてきます。しかし、現場の状況に合わせて何を優先して行うかを、リーダーが判断しなければならない場面も多くあります。ですからリーダーは、まず**自身の判断基準、何を優先するかの基準を日頃から持っていることが必要です。**

それも独りよがりでは当然ダメなわけです。自分勝手に何の根拠もなく判断しても、部署の方針と違えば上司から待ったがかかり、結果的にメンバーが困ることになります。

ですから、冒頭の鈴木治雄氏の言葉のように、判断基準を持つことをオススメします。

そして当然ながら、部署全体の方針をしっかりと理解しなければいけません。それを前提に上司と綿密なすり合わせをしておく必要があります。

まずは**上司に喰らいつくように徹底的にヒアリングしましょう。**わからないことはすべて洗い出して、ひたすらヒアリングするのです。その上で、自身の考えや疑問点を持ってすり合わせてください。

「上司は全然現場のことがわかっていない」などと決して否定から入るのではなく、違うところは、なぜその違いが生まれているのかを解明するつもりで臨んでください。

反対してもいいのは、コンプライアンスに触れることと、企業理念に明らかに反していることくらいです。

そこから、まずは会社、部署として重要視しなければならない判断基準は何なのかを洗い出してみましょう。会社として、部署としての判断基準です。

これを押さえることができると、概ね大きな判断ミスはしないでしょう。必ず押さえなければいけない基準が、業務内容ごとにも整理できるはずです。

上司から指示があったときに確認しなければならないことは、業務を進めるにあたり、絶対に満たさなければいけないMUST条件と、できるだけ満たしたいWANT条件です。

WANT条件が複数出された場合には、優先順位も詳しく確認しておくことが大切です。そのあとはこのMUST条件とWANT条件を共通言語にして上司と確認していけば、判断のギャップは少なくなりますし、課題が変わったとしても判断がブレることはなくなるわけです。

また、メンバーには判断した根拠を説明しやすくなりますので、納得感も得やすくなります。

04

俯瞰して全体を見る

どこか遠くに行きなさい。
仕事が小さく見えてきて、
もっと全体がよく眺められるようになります。
不調和やアンバランスがもっとよく見えてきます。

――レオナルド・ダ・ビンチ（芸術家）

人はその立場がどうであれ、誰でも自分の視点から見えたもので、物事を判断するものです。そして、得てして自分が見えているものが、世界のすべてであると思い込んでしまいます。

他にも何か違うものがあるかもしれないと、うすうす感じていても、認識していないものをもとに物事を考えることはできません。

残念ながらそういうものです。

そして、ものを観ている場所（観点）は、無意識に固定してしまうものです。ですから、自分で意図して動かなければ、ずっとそのままになってしまいます。

メンバーとリーダーや上司の意見がぶつかるのは、ほとんどの場合、考え方や意見が違うことが理由ではありません。見ている観点が異なることが原因なのです。

どこから、どの角度で見ているかで、同じものでも見え方が違います。

例えば、富士山を見たときに麓で見える景色と、五合目から見える景色と、山頂で見える景色ではまったく違います。それと同じだと考えるといいでしょう。

そして、それぞれの場所から見た景色はすべて事実なのです。

ですから、業務の中で意見の食い違いが起きたとしても、メンバーが間違っているわけではなく、否定されても困るわけです。

つまり、メンバーが容易に譲らなかったとしても無理もないことなのです。

そのことを踏まえた上で、するべきことはもうわかりましたよね。リーダーとしてするべきことは、メンバーを説き伏せることではなく、考える前提の情報を与えることなのです。

高い視座からの意見を求めるのであれば、ハシゴや台を持たせなければなりません。

リーダーはさらに、**自分の上司の視点も理解できなければ困ります。**

さらに言えば、部署や部門、会社の考え方も理解する必要があります。そして、会社をとり巻く業界や社会全体にも目を向ける必要があります。

だからといって、いっぺんにすべてを完璧に見渡せと言っているわけではありません。

あなたの上司や会社はこういう視座から見える景色の中で物事を考え、判断しているのだということを理解して欲しいのです。

よく虫の目、鳥の目という言い方をしますが、地べたに近いところにいる虫の視座で見ることはとても重要です。**現場がよく見えていることがリーダーの大きな武器になる**からです。その上で、**空を飛ぶ鳥のように高いところから、広い視野で業務やメンバー、チームを見ることを意識してください。**

現場を率いると同時に、上司との情報の橋渡し役であることもリーダーの役割です。もちろんリーダー自身も、自分の上司との視座の違いからくる判断のギャップを埋めねばなりません。さもないと、メンバーと一緒に上司や組織への不満をぶちまけるだけの不幸な状態になってしまいます。

両方の視点を持ったリーダーだからこそ、メンバーに物事を判断した理由を明確にわかりやすく説明できるのです。

そうすることでメンバーも「リーダーは自分たちが気づかなかったところまで見て、考えた上で判断したのだ」と理解できるため、納得感も出てきます。

そして誰でも、自分が納得したことには自ら進んで素直にとり組むものです。

部下が自ら動きたくなるような納得感を与えられる視座を持ちましょう。

05 チームの目的を示す

ビジョンは退屈ではだめ。
船を建造するとは、人を集め、木材を用意し、
人に個々の作業を割り当てることではなく、
大海原《おおうなばら》を目指すという目的を与えることだ。

――カルロス・ゴーン（日産自動車社長兼CEO）

「この仕事には意味があるのだろうか」
「誰がやっても同じなんじゃないだろうか」
「こんなことを毎日やって何になるのだろう」

まだメンバーの頃、あなたはこんなことを感じたことはありませんでしたか。

若手のメンバーは毎日、目の前の仕事だけに注力する結果、他とのつながりや仕事の全体像に目がいかないものです。するとすべてが決まりきった作業のように思え、その結果、自分の仕事にやりがいを見出せないことがあります。

仕事の全体観を知らず、知らされもせずに部分的な仕事をしていれば、毎日同じことの繰り返しとなり、つまらなく思ってしまっても仕方がありません。

加えて、人は情報が少ないと極端にアウトプットが減ります。質問もできないということです。すなわち、自ら知ろうとすることもできなくなるのです。

よく「わからないのなら、わかろうとすればいいじゃないか」と言う方がいますが、それは情報を持っている側の論理です。

偉そうにそう言う方には「わかってないのはあなたです」といつも言いたくなります。

ある程度の情報を持っていなければ、わかろうとすることもできないのです。

もし目の前に仕事に対して悩んでいるメンバーがいたら、あなたはリーダーとして、仕事の全体像を話してあげてください。メンバーが担当している仕事がどこにつながるのか、誰の役に立っていくのかを伝えてあげてください。あなたが普段感じている仕事の意味、あるいは意義を伝えてあげてください。

これは、リーダー自身にとっても自分の仕事観を振り返るいい機会になります。

自分の仕事は何をする仕事なのか、それはどこの誰に価値を与えているのか、チームにとっての価値は何なのか……。

会社に対して、地域に対して、社会全体に対してどう役立っていくのかをどんどん拡げていくと、実はすばらしい貢献の一翼を担っていることがわかります。改めてイメージしていくと、何かワクワクしてきますよね。

あなたには、リーダーとしてその感情を魅力的に、目を輝かせて語っていただきたいのです。メンバーはそれを聞いて、今までとは別の観点から自分や自分の仕事を見直すことができます。あなたから影響を受けるのです。

たとえ荒唐無稽《こうとうむけい》であっても、大げさであっても大義名分は必要です。

パナソニックやホンダはまだ町工場のときに、「世界一」を目指したところから大きく発展していきました。目先の冷蔵庫を何万台売る、バイクを何台売るかではなく、世界中にホンダのバイクを走らせるためには何が必要かを考え実行していったことで、多くのアイデアが生まれ、強大なエネルギーになっていったのです。

ですから、リーダーはチームの目指す目的を決めてください。

このチームは何を目指すのか、何をやるチームなのか、誰に対してどんな価値を提供するチームなのか、全員で話し合って共通の目的を共有します。ワクワクするような大きな目的です。

それがあってはじめて優先順位を考えることができます。チームとして、一メンバーとして一人ひとりがどう仕事に向き合うのかも明確になるでしょう。チーム一人ひとりが同じ目的のもとに、お互い貢献しながら協働できます。共通の価値観が生まれ、一体感ができるのです。

06
沈思黙考する

緊急なことは、めったに重要ではなく、
重要なことは、めったに緊急ではない。

――マイケル・ルボーフ（著述家）

現場に近いリーダーは現場の仕事をこなしているため、走りながら考えることが多いはずです。

しかし、きちんと立ち止まって考える時間も、あらかじめスケジュールに入れておきましょう。リーダーであれば、中長期的なプランニングや戦略を考える時間をきっちりとることをお勧めします。時間をとることによって、動きながらではなかなか気づかなかったこと、あと回しにしてしまっていることを改めて考えることができます。

チームのこと、メンバーのこと、自分のこと、部署や会社の将来についても考えましょう。これから先の中長期の展望を見据えながら、計画や実際に行う戦略戦術に意識を向けます。

実は、**中長期的な視点で考えたことが、日々のリーダーとしての判断の軸を作るのです。**

動いてる最中は、うまくいってないことに目がいきがちで、それに対処することが最優先になります。いわゆる緊急対応ですね。

しかし一旦立ち止まったときは、今まで成果を出してきたことや、うまくいっていることに意識を向けてください。今後も同じやり方でいいのか、さらに改善できるところはないのかを検討します。

人も組織も同様で、それぞれのいいところが会社の業績に貢献しているものです。ならば、うまくいっている点をさらに効率化したり、高収益化したりなどの改善にも、意識を向けてはいかがでしょうか。緊急性はないかもしれませんが、重要なことです。


自らの仕事についても、顧客とのやりとりやメンバーとの交流など、日々の業務の中で気づいたことがたくさんあるはずです。

それを逐一メモしておくことが大切なのですが、きちんとそれらを整理考察してどう対処していくかを考えましょう。それらのメモは宝の山のはずです。

しかし、時間が経ってしまえば、ただのメモになってしまいます。**宝を掘り出し、使い道を考えるための時間も、あらかじめスケジューリングしておくことです。**


また、いかにメンバーの士気を高めるかを、重要課題としてとりあげてください。

15項で説明するメンバーノートなどの情報をもとに、じっくり考える時間をとるのです。

「もう少し頻繁に声かけをしてみよう」

「来週面談してみよう」
「ご家族の病気の様子を聞いてみよう」
「前回の相談事の件はどうしただろうか。夕方にでも声をかけてみよう」
「最近のとり組みについて承認の言葉をかけよう。でも、彼女は皆の前で褒めると嫌がるので個別にしよう」

などと、いろいろなやるべきことが浮かぶはずです。

緊急な仕事ばかりではなく、緊急ではないけれども重要な仕事に焦点を当てるには、意識して考える時間をとることが必要です。

1日とか半日という長さでなくても、20～30分の時間なら週に2回くらいはとれるでしょう。

そしてその時間の思考が、リーダーとしての仕事の質を高めることになるのです。

07 小さなことから徹底する

大事をなさんと欲《ほっ》せば、小なる事を、怠らず勤《いそし》むべし。
小積もりて大となればなり。
凡《およそ》小人《しょうじん》の常、大なる事を欲して、小なる事を怠り、
出来難き事を憂《うれ》ひて、出来易き事を勤めず。
夫故《それゆえ》、終《つひ》に大なる事をなす事あたはず。
夫《そ》れ大は小の積んで大となる事を知らぬ故《ゆえ》なり。

——二宮尊徳（江戸時代の農政家）

リーダーになったとき、あなたははたしてどんなことを考えたでしょうか。

「自分がリーダー職なんてとんでもない。まだ早い」と感じたでしょうか。それとも「ようやく自分もリーダーか。よーし、やるぞ」と手ぐすね引いて待ち望んでいたでしょうか。

今回はどちらかというと後者のタイプに対してのお話です。

やる気満々で「よーし。これから自分はリーダーだ。リーダーとなったからには、今まで自分がやりたかったことをどんどんやって大きな成果を出してやる!」その意気込みはすばらしいです。

でも、多くの先輩リーダーがそれで失敗しているのも事実。空回りした挙句、メンバーがまったくついてこない、業績も上がらないという憂き目に遭っています。

なぜでしょうか。それは実務においては実績を上げてきたけれど、リーダーとしての仕事をしてきたわけではないからです。

リーダーシップをこれから新たに学ぶ段階にあるのだということを、しっかりと理解せねばいけません。

意気込みとやる気はそのままに、リーダーとしてはど素人であることを謙虚に受け止め

ましょう。

実績を上げている人ほど、「自分が成功してきたから、そのやり方をメンバーに伝えれば一気に業績を上げることができる」と考えがちです。気持ちはわかりますが、それでは結果はついてきません。メンバー時代に優秀だった方ほど、気をつけるべきです。

また、実際の意思決定は上長であるマネージャーが握っているケースも多いでしょう。そうすると、せっかくリーダーとなったのに自分は何もすることがないと落胆し、「どうせ自分は名ばかりのリーダーだから」などと役割放棄をしてしまいかねません。そんなときは、ぜひ、冒頭の二宮尊徳の言葉を思い出してください。

二宮尊徳は、江戸時代後期の農政家・思想家です。読者によっては二宮金次郎のほうが馴染みがあるでしょう。かつては、多くの小学校に薪を背負いながら本を読んでいる像が設置され、勤勉の象徴とされた人物です。

二宮尊徳は貧しい生家を再興すると、奉公先、天領の財政立て直しも成功させました。財政再建の範となった人物です。

冒頭の言葉を要約すると、次のようになります。

「大きなことを成し遂げたいなら、小さなことを怠らずに励みなさい。凡人はいつも、大きなことを求めて小さなことを疎かにしており、できないことを嘆いている一方で、できることを疎かにしている。だから、結局大きなことを成し遂げることができない。これは、大きなことも小さなことの積み上げによって大事となることを知らないのだ」

いたずらに大きな成果をいきなり求めるよりも、まずはメンバーに近い目線で、リーダーシップを学びましょう。決して評論家になるのではなく、リーダーの目線で目的・目標を達成することをひたすら意識するのです。

まずは、上長の手が届かないところやメンバーが気づいていないところ、小さいけれども大事なことに目を向けてください。

そして、**部門やチームで決めたことは徹底して行わせます。**例えば、報連相、整理整頓、挨拶。あたり前のことをあたり前にできるようにするのです。

メンバー同士の愚痴ではなく、リーダーとしてメンバーの声を聞くことも大切です。

大事を成すリーダーになるために。

第2章
メンバーと信頼関係を築くコミュニケーション

08 メンバーと人間関係を作る

子曰く、徳は孤《こ》ならず、必ず鄰（隣）有り。

――孔子（中国春秋戦国時代の思想家）

リーダーはメンバー時代のように、自分の担当業務だけを遂行すればいいという立場ではありません。チームとしての成果を最大限に伸ばすにはどうすればいいかを考えるのが、リーダーの役割です。

だからこそ、メンバーが自らどんどん動くチーム作り、目標に向かってメンバーの力がかけ算で発揮されるチーム作り、そしてメンバーの成長が加速するチーム作りをしていく必要があります。

そのために、**リーダーはまず土台を作らねばなりません。チームとしての土台作りとは、人間関係を作るということです。**

何を行うにも土台である人間関係がどういう状態であるかによって、そこで起きることや結果は大きく変わります。

例えば、「最近調子いいね」という言葉も、人間関係が良好ならば「ありがとうございます。おかげさまで」という言葉が返ってくるでしょうし、悪い状態ならば「私、そんなに生意気ですかね」とか「皮肉ですか」などと、思ってもみない返事が返ってきたりするものです。

このように、人間はその人の思考のフィルターを通して物事を判断するのです。

ですから、まずそのフィルターを正常に機能させることが大事なのです。

リーダーとして何を言ったかということ以上に、メンバーにとってどういう関係性のリーダーが言ったかということが今後大事になると肝に銘じてください。


さて、冒頭の孔子の言葉ですが、この言葉は神奈川県や東京にある有隣堂書店さんの名前の由来ともなった言葉です。

意味は、「たとえ厳しく近寄りがたいところがあったとしても、本当に徳のある人は決して孤独にはなりませんよ。必ずその徳を慕って支持する人たちに恵まれるものですよ」ということです。

リーダーになれば、メンバーにただ同調して、耳障りのいいことだけを言って済まされないこともあるでしょう。反対の意見があったとしても、そこを乗り越えていかねばなりません。


メンバーがこのリーダーと共に歩んでいきたいという関係作りには、徳があることが大事なのですね。

そこでまずは、**「感謝」の心を持ってメンバーに接してください。**何を言うにも、何をするにも、メンバーに「感謝」の心が持てたら、必ず人間関係は良好になります。

「ああ、今日も同じチームにいてくれて、一緒に仕事をしてくれてありがとう。陰日向に関係なくリーダーとしての自分を支えてくれて感謝します」と毎日唱えてみてください。

昔、ある社長からそのお話を聞いた私は、はじめてリーダーになったとき、毎朝一番に出社してメンバーの机を拭くことにしました。

リーダーとしてはまさにダメダメでしたが、人事異動のときにメンバーの皆が泣いてくれたのを今でも思い出します。課長が「室井は幸せ者だ」と言ってくれました。

何か特別なことがなくても、「感謝」はできます。何もしてもらってないのに感謝するなど道理に合わないと思うかもしれません。難しい、道理に合わない。だからこそ「徳」を積むことになるのです。騙されたと思って「感謝」してみてください。

09 メンバーの言葉に耳を傾ける

厄介《やっかい》なのは知らないことじゃない。
知らないのに知っていると思い込むことさ。

——マーク・トウェイン（作家『トム・ソーヤの冒険』の著者）

「おい。宮本、なんでこんなことしてんだよ」

「え、でも、あの」

「でもじゃないよ。まず、俺に先に相談しろって言っただろ」

「でも、室井さんがちょうどいませんでしたし、先方から……」

「何、ぐちゃぐちゃ言ってんだ。もういい。まったく、こんなことも満足にできないのか」

まさか、ここまで頭ごなしに言う方は、パワハラがとりざたされて以降あまりいらっしゃらないと思いますが、私は……やりました。


あなたはリーダーとして、メンバーの言葉を最後まで聴いていますか。

多くのリーダーがメンバーの話を途中で遮り、すぐに否定し始めます。

忙しくて余裕がないこともあるでしょう。しかし、それは**まさしくリーダーである自分がメンバーよりも正しいのだという思い込みがあるからです。**

さらに、リーダーとして誤った考え方や行動をしたメンバーを正さなければいけない、ということばかりにアタマがいっているからではないでしょうか。

ここで、見方を別の観点に変えていただきたいのです。「正しい」というのが、そのメンバーにとってどうかという観点にです。

そのメンバーが持っている知識、情報、経験、その上で起きたことから総合判断して、メンバーが考えて行動したことが正しくないのかを考えて欲しいのです。

あなたがしなければならないのは、リーダーであるあなただけが正しいという気持ちを捨てることです。なぜなら、メンバーの言っていることは正しいからです。言い方を変えると、メンバーの立場から言えば正しいということです。

その観点を持たずして頭ごなしに否定したのでは、あなたの指示通りに行動したとしても、あなたへの反感や「この人はわかってくれない」という気持ちばかりが残り、信頼感は薄れていきます。そして、あなたに自分の意見を言うことや報告をすることを、どんどん避けるようになるのです。

メンバーの言葉を否定する前に、「宮本君がそう考えた理由を教えてくれないかい」とそう考えた理由をじっくり聴くようにしてください。必ずそのメンバーなりの考えがあったはずです。**まずは、そのメンバーがどうしてそう考えたのかを知ることが大事なのです。**

ただし、ここで威圧的な表情や態度にならないように気をつけてください。強く問い詰めると、メンバーは心を閉ざして何も言わなくなるでしょう。

話を最後まで聴くと、あなたとは異なる判断をした理由が浮き彫りになってきます。その仕事の目的や大事な情報が伝えられていなかったり、とり違えていたり、先輩からのアドバイスで混乱していたりなど、メンバーの言動の背景にあるさまざまな原因がわかってきます。

今後のコミュニケーションのとり方や動機づけの仕方に関わる大事な情報収集です。メンバーの立場になりきって聴いてください。

大事なことは、同じミスを二度と起こさないことです。その原因は本人に聞いてみないとわからないのです。どこに課題があるのかを理解した上で、育成方針を考えましょう。

メンバーの声を聴く姿勢で、今後の大切な情報をすぐに伝えてもらえるか、隠されてしまうかが決まってきます。ヒアリングをすることが、メンバーとあなたの信頼関係を築く絶好の機会だと考えてください。

10 メンバーの「心」を勝ちとる

人間は、
たとえ相手が自分の一番関心のある目標に導いてくれる
指導者であっても、
自分の気持ちを理解してくれない者には、
ついていかない。

――エイブラハム・リンカーン（アメリカ合衆国第16代大統領）

リーダーは、メンバーをゴールに巻き込んでいくために説得しようとしてはなりません。どうしたらメンバーの心をつかむことができるか、ということを第一に考えるのです。

メンバーの「アタマ」ではなく、「心」をまず勝ちとりましょう。

そのためには、リーダーからメンバーに対して、進んで声をかけていくことです。もちろん笑顔で、必ず相手の名前を呼んでから声をかけます。「吉田くん、おはよう」という具合です。

「この前の営業報告書について、和田課長が吉田も成長したなと褒めていらしたよ」というように通常の挨拶はもちろん、メンバーの仕事ぶりについても会話の中に盛り込むようにしましょう。

この普段の何気ない声かけが、とても重要だと心得てください。

普段、何も声をかけてこないリーダーから、指示のときだけいろいろ言われても素直に聞こうとメンバーが思うでしょうか。**普段会話のない人の話を意味のとり違えなく意思疎通できるほど、コミュニケーションは簡単ではありません。**

この会話の土台ができていないがゆえに、解釈のずれが生じて業務ロスを生んでしまうのです。

次に、リーダーであるあなたは、たとえ自らの業務が忙しくても、できるだけ「話しかけるなという雰囲気」は出さないようにしましょう。

どうしてもそれでは業務が進まないのであれば、1日のうちにこの時間はメンバーがいつでも話しかけられるという時間を決めておきます。そして、その時間内はどんな話でも相談できるようにオープンにしておくのです。

たとえグチや文句であっても、プライベートな心配事であっても、しっかりと聴くようにします。ここで大事なことは、ひたすらメンバーの話をよく聴くことです。話を聴いているときは、相槌をうちながら相手が話しやすい状態を作ることに専念します。

「それでどうしたの」

「それは辛かったね」

「大丈夫だったの」

「君はそのことが寂しく感じたんだね」

などの言葉を挟みながら、あたかもカウンセラーになったつもりでひたすら聴いてあげてください。

気をつけて欲しいのは、たとえメンバーとあなたが異なる意見だったとしても、絶対に議論はしないことです。

自分が賛同できない内容のときは、同意をしなくても構いません。「○○さんはそのように感じたんだね」というように、メンバーが言ったことをそのまま繰り返してあげればいいのです。

メンバーは自分では抱えきれない想いを吐き出しさえすれば、それで満足するのです。そのことが、次第にリーダーであるあなたへの信頼感となっていきます。

メンバーの話を聴くときは、「信頼の貯金」をしていると考えましょう。そうすれば、「この忙しいときに」という気持ちが薄れませんか。

おもしろいもので、話すだけ話して、しっかり自分の話を聴いてもらったメンバーは、信頼するリーダーであるあなたの言葉をしっかり聴こうと思うのです。

メンバーに、「このリーダーの話はしっかり聴かなきゃ」と思わせることが、リーダーシップを発揮していくためには非常に重要です。

11 メンバーのやってみたいをサポートする

自分にできないと考えている間は、
人間はそのことをやりたくないと
心に決めているのである。

――スピノザ（オランダの哲学者）

「ちょっといいですか。先ほどの業務なんですが、ちょっと私には荷が重いのですが。すみません、正直できかねます」

「え、それは、時間がないということ?」

「いえ、私にはまだ難しくてできないと思うのです」

メンバーに仕事を依頼したときにそんな返事が返ってきたら、あなたはリーダーとしてどうしますか。

①「それなら仕方ない」と他の人選をする
②「君ならできる」と励まして説得する
③できないと思った気持ちを聞き出す
④もしかしたらやりたくない可能性も探す

①をいきなり選んだあなた。
「あーやっぱりこの仕事は私じゃなくてもいいんだ。このリーダーは私を評価してくれていない」

メンバーはきっとこう感じたはずです。

「何を勝手な。できないと言うから、その言葉に沿っただけなのに」と思ったあなた、リーダーとしてはドライすぎます。もっとメンバーの感情に寄り添いましょう。

業務遂行さえすればメンバーの気持ちなどお構いなしという考え方では、メンバーのあなたに対する信頼感は急降下です。

次に②を選んだあなた。

この選択自体は間違っていないですし、これで「頑張ってやります」と言うメンバーもいるかもしれません。ただし、何も聞かずにすぐにこのセリフを言ってしまうと、メンバーの本音を聞き出す機会を逸してしまいます。メンバーからすると、無理やり押しつけられたようになってしまいます。その上、リーダー本人はメンバーを動機づけできたと勘違いしているという、滑稽な状態になるやもしれません。

メンバーが自ら動いて欲しいというリーダーのあなたに、私は③・④をお勧めします。

「自分にはまだこの仕事は難しい」と言ってきたメンバーに対して、

「そうか、山口さんの分析力を見込んで、任せたいと考えたんだけど、どういう感じなの」

「本日所用で残業できない事情もあるのですが、この業務なら坂口さんのほうが適任かと思いまして」

「締め切りまではまだ時間があるから、本日でなくてもいいのだけど。もしかしたら何か気持ちよくやれない理由とかあるのかな」

そのあともじっくり聞いてみると、仕事が作業のように感じて悶々としていることや、「仕事を多く振られているのは、リーダーである私の機嫌を損ねたからだ」みたいなことを同僚から吹き込まれたことが判明しました。

さあ、リーダーとしてすべきことは、なんでしょう。

まずは山口さんにリーダーとしての日頃の説明が足らず、悶々とさせてしまったことをお詫びします。そのあとに、あらぬ誤解を晴らし、山口さんの仕事ぶりに信頼を寄せていることや、次のステップへの期待のために仕事をお願いしていること、さらにその仕事の目的や意義を改めてしっかりと伝えます。

リーダーはメンバーが抱えている本当の悩みの理由に寄り添い、「やってみよう」という気持ちになれるようにサポートをすることを心がけましょう。

12 メンバーを奮い立たせる

優れたリーダーシップは、
感情のレベルに働きかけるものなのだ。

――ダニエル・ゴールマン（心理学者）

あなたが言葉をかけることによって、どんな影響力を発揮したいですか？

普段、意識をすることが少ないかもしれませんが、あなたが声をかければ、必ずメンバーには良くも悪くも影響を及ぼすのです。チームのメンバーに対してどんな言葉をかけることが最適なのかを、よく吟味しましょう。

あなたの言葉で、メンバーがやる気になったり、自信を持ったり、元気になったりしたら、言葉のかけ甲斐もありますよね。

アメリカのスポーツ界では、ペップトークというものがあります。

映画やドラマで、アメフトの監督が猛烈な檄を飛ばし、最高にテンションの上がった選手たちが、雄たけびをあげてグラウンドに出ていくシーンを観たことはありませんか。監督が選手にかけているあの言葉が、ペップトークと言われるものです。

実際のプロのアメリカンフットボールリーグ＝ＮＦＬでは、年俸数億から数十億の選手たちに、年俸数億の監督が激を飛ばします。

その試合の勝敗によって選手も監督も次シーズンの契約が左右されます。つまり数百億の年俸が、ペップトークにかかっているのです。ですから監督は、どんなペップトークをその場で使うかに、監督業のすべてを賭けるくらい考えに考え抜くのだそうです。翻ってあなたはメンバーに声をかけるその言葉の内容を、どれくらい検討して発していますか。そのあと、メンバーがどんな影響を受けて仕事に向かうかをどれだけ考えていますか。

簡単にできるところから言えば、**チーム全体に話をするときの主語を意識することです。**

次の2つを比べてみてください。

「あなたたちは、なぜ今回こんな失敗をしたのか。あなたたち自身深く反省し、リカバリー方法を考えるべきだ」

「我々は、なぜ今回こんな失敗をしたのか。我々自身が、深く反省し、次こそはリカバリーをしようじゃないか」

主語を「我々」や「私たち」に変えるだけで、まったく受ける印象が変わります。

前者は突き放されている感じですが、後者は一体感を感じます。

「俺はコートに入ったら、『俺』ではなく『俺たち』と考えるようにしている」と元NBAのスーパープレイヤーであるマジック・ジョンソンも言っています。

主語に何を使うか、ぜひ意識してください。

次に、肯定的な言葉を使うように意識しましょう。

人間の脳は、肯定語と否定語の区別ができないそうです。

例えば「ピンク色の象を想像しないでね」と言われると、しっかりと頭の中で想像してしまいます。

職場の例で言えば「計算ミスをするなよ」は、計算ミスをしているイメージをより植えつけるわけです。

ですから「計算ミスをするな」ではなく、「必ず検算しよう」と言えば「検算」しているイメージがメンバーの心に残ります。受けるメンバー側の印象はまったく違います。

「何度同じことを言わせるんだ」よりも、「指示を受けるときはメモをしなさい。そして確認のために復唱しなさい」のように、『して欲しい』内容を言葉にしましょう。

「心配するな」よりも「安心しろ」と言えば、残るイメージは「安心」です。

このように言葉を発するときは、肯定的な『して欲しい』言葉に変換することです。

リーダーであるあなたの言葉で、メンバーの行動に肯定的な影響を与えましょう。

13 自分の言葉で語る

借り物でない自分の言葉で、全力で話せ。
そうすれば、はじめて人が聞く耳を持ってくれる。

――田中角栄（第64・65代 内閣総理大臣）

あなたは「リーダー」として、メンバーに自分の言葉で語っていますか。

例えば、会社や部署の方針を上意下達で納得しないまま、伝えられたのと同じ言葉でメンバーに伝えてはいないでしょうか。

あるいは、上から回ってきた文書やメールをそのまま渡したりしていませんか？

だとしたら、考えを改めてください。

メンバーは、リーダーが本気かどうかを常に見ています。本気が感じられないリーダーの言葉に、誰が耳を貸すでしょうか。

リーダーが本気で思っていないことを、メンバーは本気でとり組んだりしません。下に行けば行くほど、思いは薄くなるものです。


私には、この件で恥ずかしい過去があります。

中間管理職だったある時期に、上司とよく意見が食い違うことがありました。そんなとき、私は上司と自分のどちらが正しいかという視点でしかものを見ていませんでした。上司の意見をわかろうとせず、その上、自分の意見も上司にぶつけません。

すると私の中では、「自分が正しい」ということで終わらせるわけです。自分の視界でしかものを見ていないのですから、当然そういう結論になります。そして、自分が納得しないままに、上司からの伝達事項をメンバーに伝えるだけになります。

おまけにメンバーからリーダーとしての意見を求められたときは、方針に反対の発言をしたりもしました。

中間にこんなリーダーがいたら、チームとしての業務遂行の邪魔になります。さぞかしメンバーは、やりづらかったことでしょう。

組織の中にいる以上、チームが最大限の業績を上げるためにいかに行動するかを考えるべきです。

通常上司より情報が少なく視座も低いリーダーは、組織の「指示・命令の意図」や「目的」について理解する意識を持つことが重要です。視界を拡げましょう。

方針・指示内容を理解・納得するために、自分に足りない情報が何なのかをまず考えてみてください。

直属の上司との対話で足りなければ、さらにその上の上司の話をよく聞いてください。

そして、それが**自分の心の底から自分の意思になるまで咀嚼《そしゃく》するのです。**

その上で、「リーダー」として、メンバーが迷わずに前に進めるような影響力を発揮しましょう。

リーダーにとって冒頭の田中角栄氏の「借り物でない自分の言葉で、全力で話せ」とは、そういうことです。

まずリーダーであるあなたは、メンバーがきちんと共有すべき話を正確に理解しましょう。その上で、借り物でない「自分の言葉」で「全力で」語りましょう。

そこではじめて、メンバーがリーダーであるあなたの話に「聞く耳を持ってくれる」のです。

そして、メンバーが「リーダー」であるあなたを信頼し、共に同じ方向を向いて迷わずに行動してくれるのです。チーム一丸となって最高の成果を出すために、あなたの言葉で「全力で」語ってください。

14 しつこく繰り返し説く

説得は一度や二度で諦めてはならない。

――鈴木敏文（セブン＆アイ・ホールディングス名誉顧問）

リーダーという立場になって改めてメンバーにものを伝えようとしたとき、あなたの言葉が、正確にメンバーに伝わるとは思わないでください。

これは、メンバーに話を聞いてもらえないということではなく、言葉は聞こえているけど、内容や意図が伝わっていないという意味です。

特に若手のメンバーには、話したことの1／3も伝わっていないかもしれない、という認識でいるのが正解です。さらに職責が上がれば上がるほど、その認識のギャップは大きくなっていきます。

ですから、あなたが意図した通りのことをメンバーがやらなかったとしても、「ばかやろー。何やってるんだ。ちゃんと話を聞いてなかったのか」などと、間違っても頭ごなしに怒鳴ったりしないでください。まずは、メンバーの話をしっかり聴いて原因を究明しましょう。

もし、万が一いい加減にしか話を聞いていなかったり、メモをしていなかったりするのなら、改めさせる必要があります。しかし、しっかり聞いていても、そもそも頭の中にある情報を処理する材料があなたとは違うせいで、あなたの意図とは違う解釈をしていたのかもしれません。

私も以前は、「メンバーと同じ日本語を話すのに、なぜこの人には話が通じないんだ。きっと話を上の空で聞いているんだ。集中力がないんだ」などと、決めつけていました。

しかし、**人間の脳は自分が聞きたいこと、わかることしか認識できていないのです。**

ですから、伝わっていないのは、伝えた側がわかるように伝えられなかったことが原因です。


対処の方法としては、第一はリーダーがメンバーにわかるように噛み砕いて伝えるように心がけることです。

第二は必ず確認をすることです。ミスをしてあと始末に時間をかけるよりも、話をする段階で手間をかけてミスをなくしたほうがいいですよね。

ただし自分が話し終わったあとに、「わかった?」と聞いても、何の意味もないと思ってください。本人は「本人なりに」わかったつもりで解釈をしていますので、この質問は何の効力もありません。

そこで、**文章で答えざるを得ない質問（オープンクエスチョン）をして、正確に内容が**

理解できているかの確認をします。

例えば、

「今私が伝えたことを自分の言葉で説明してくれる」

「今伝えた業務はどのように進めるつもり」

などのように聞きます。

また、会社の方針や業務の目的などの抽象度の高い内容を伝えるときは、啓蒙をしているくらいの認識でちょうどいいと思います。**1回言ったからわかっただろうなどと思わず、何度も何度も繰り返し伝え続けることが使命だと思ってください。**

メンバーがやっている仕事は、全体のうちの部分であることが多いと思います。ですから、メンバーから視界を広げて聞いてくることは少ないはずです。そこでリーダーのほうから機会を見て、メンバーの仕事を含む職場や会社全体の動きや現状、環境の変化などはもちろん、業務の最終ゴールについて繰り返し説明してあげてください。

メンバーが力を発揮するための大切な情報提供となります。

第3章

メンバー一人ひとりのことをよく知っておく

15 人材プロデューサーになる

リーダーシップの役割は、
強みの連携を創造し、
弱みを無関係にすることである。

――ピーター・ドラッカー（経営学者）

リーダーになったら、メンバーという最大の経営資源をいかに活用するかという視点で考えましょう。

あなたなら、何から始めますか。

まず、自分のチームのメンバーが、どんな特質や才能を持った資源なのかを調査し熟知することが必要です。同じメンバーと長く一緒に働いているという方は、あなたが知っている情報を改めてリーダーという別の視点から見てみましょう。

そして、**「メンバーノート」を作ることをお勧めします。**簡単に言うとメンバー一人ひとりの記録ノートです。カルテと言ったほうがいいかもしれません。

あなたがメンバーを観察した結果やヒアリングした情報を記録し、それらをもとにメンバーの育成プランを考えて書き留めておくノートです。

メンバーが大切にしている価値観やこだわっているポイント、特技や趣味、家族構成などのプライベート情報、悩みや相談事なども、記録しておきましょう。

また、仕事上の成果や成長ポイントなどもメモします。たとえあなたが評価者でなかったとしても、上司からヒアリングを受けたときに的確に応えることができます。

実際にカルテに整理して書いてみると、頭の中で記憶しているのとは違い、さまざまなことに思いがおよぶようになるものです。それらをもとにメンバーと将来の目標や夢についてしっかりと時間をとって、ディスカッションすることをお勧めします。

当然、面談記録もきちんと記録します。

そして、**リーダーはメンバー一人ひとりをプロデュースするつもりで、これらの才能をどう活かすかを考えるのです。**

具体的には、先程のカルテからメンバーの長所を抜き出したマトリクスを作って考えます（※巻末で雛形をダウンロードできるＵＲＬをご紹介しています）。

表の縦軸と横軸にそのメンバーの長所を４つずつ書き並べます。

縦軸の長所と横軸の長所の交わった空欄に、２つの長所を組み合わせたらどんなことができるかを考え、書いていきます。

現在の業務に関係することが浮かべばそれを書けばいいですし、浮かばなければまったく関係なくても構いません。とにかく埋めてみてください。意外と関係ないと思ったことが業務に間接的に繋がっていくこともあるものです。

もう一つは一人のメンバーのマトリクスではなく、縦軸にAさんの長所、横軸にBさんの長所をおいたマトリクスを作ります。**二人の長所同士をかけ合わせたらどんなことができるかを考えるのです。**直感でおもしろそうだと思う組み合わせからやってみましょう。最終的には、メンバー全通りの組み合わせにトライしてください。

これによって、デザイン力が優れたメンバーと論理的な組み立てのうまいメンバーでプレゼンテーションの資料を共同して作ったり、ボケとツッコミ的な営業ペアを組ませたりして、それまでにない成果を出していきましょう。

まずは、遊び感覚でいいので試してみてください。一番の収穫は、リーダーであるあなたに、メンバーの長所を活かそうとする意識がとても高まることです。

今までに考えなかった可能性が広がり、メンバーを見る目も変わりますよ。

16 メンバー一人ひとりを観察する

人々は理解できないことを低く見積もる。

――ゲーテ（詩人）

あなたはリーダーとして、メンバーのことをしっかり観ていますか。見るではなく、観るです。**リーダーたるものメンバーのことをよく観察して、そのときどきの一人ひとりの状態を読みとってください。**

リーダーは英語表記で『Leader』ですが、『Reader』でもあるのです。

メンバーを普段からよく観ておらず、あまり理解していないリーダーに限って、メンバーのことをあまり褒めないし、メンバーに対する不満ばかりを漏らします。また、メンバーからも慕われず、信頼もされていません。

日頃からメンバーをよく観察しているリーダーは、「山田くんは最近声にハツラツさがないようだが、何か心配事でもあるのかな」と感じたら、

「山田くん、最近調子はどう？　いつも元気でムードメーカーの君だけど、少し以前に比べて顔色が思わしくないように見えて心配してるんだ。何か私にできることはある？」

と声をかけているものです。

また、「高橋さんは、日報に誤字脱字が目立ってきたが、仕事に対する熱意は大丈夫だ

ろうか」と感じたら、

「高橋さんの丁寧で要点を得た日報を常々見習いたいと思っているんだ。最近その日報の文章に乱れが見られる気がしていて、少し心配なんだ。もし何かサポートできることがあれば遠慮なく言ってね」

と伝えます。このような小さな変化にも敏感に気がつくものです。

さらに、**メンバーに対しての声かけもタイムリーにしています。**


普段の会話から、メンバーの長所はどこか、今一番何に興味があって、どういうことに喜びを感じるのか、自信を持てることは何か、逆に何に対して苦手意識を持っているのかなど、表情や発言内容から読みとりましょう。

そして、**メンバー一人ずつから感じたことをメモして把握しておくのです。**

ただし、ここではあくまでも仮説くらいの感覚でいましょう。なぜなら、それくらいでないと、「決めつけ」という逆の影響が出てしまうこともあるからです。

それらを材料に実際に本人との会話によって、すり合わせていくのです。

以前、こんな方がいました。その方の自己分析では、メンバーのことをよく観察して十分理解しているとのことでした。しかし、ある研修でメンバーからアンケートをとったところ、「私たちのことをあまり把握してくれていない」という結果が出たのです。

その方から詳しくお話を伺う限りでは、確かによくメンバーのことを気にかけて観察しているようです。しかし、メンバーへの声かけなどの直接的な関わりが少なかったのです。だから、気にかけていることが、メンバーまで伝わっていませんでした。正に宝の持ち腐れです。

メンバーの様子に気づいて、タイムリーに声かけができれば、あのリーダーは自分のことをしっかり見て気にかけてくれているのだなと思ってくれるでしょう。そこからリーダーへの信頼感も生まれてくるでしょうし、コミュニケーションもスムーズになります。

まずは、フラットな目でチームのメンバーを観察してください。

冒頭のゲーテの言葉で言えば、理解することでメンバーの一人ひとりの価値を感じられるでしょう。そこからメンバーを尊重する気持ちも生まれてきます。

まずはそこからがスタートです。

17 メンバーの長所を見つけてそれを活かす

全徳の人は得難《えがた》し、一失あれば一徳あり。

――徳川吉宗（江戸幕府第8代将軍）

リーダーになっているのだから、あなたはきっと優秀な成績を上げたり、技術・スキルが熟練していたりして、模範となるようなところがあったのでしょう。そんな「できた自分」のフィルターを通して、メンバーを比較の目で見ていませんか。そうでなかったとしても、他部署の優秀なメンバーと比べて、ガッカリしていませんか。

ないものねだりをする観点で、メンバーを品定めしてはいけません。

「世の中に完璧な人などいない」それはわかっているのに、いざ目の前に「メンバー」が現れると忘れてしまいます。

「あそこが悪い」「ここが足りない」「まだまだ」などと、足りないところ、変わったところに目がいくのは、人間の性です。

そして**自分にもその「性」があることを、認識することが大切なのです。**

私は会社で行われていることは、すべて「経営」だと思っています。

「経営」とは、今ある資源を継続的に有効活用して成果を上げていくことです。「あれがない」「これがない」などと不満ばかり言っていたら、前に進みません。

今、目の前にないものにこだわって、立ち止まっている時間はないのです。まずは、**今あるものを活用し、進めることが大事です。**

そもそも、望み通りの人材が揃うことは幻想です。

「すべての面において優れた人を得ることは難しい。どんな人間にも短所もあれば長所もある。だから長所を見つけてそれを活かすのだ」と吉宗は言いました。

どんな人間でも、長所もあれば短所もあるのです。

長所をいかに活用して伸ばすか、チーム・組織としていかにお互いの短所を補うか、あわよくば短所から長所を生み出せないか、目の前のメンバーに自分が負けそうだと思うところはないか……まずは、そういう目でメンバーを見てください。

以前、ある特殊な機械の技術者として採用された二人の方がいました。

ところが私と出会ったときは、もうすでにその機械は世の中では廃れてしまっていて、その機械の運用や保守技術者の方たちは持っていた技術を発揮するでもなく、まったく関係のない、いわば閑職に追いやられていました。いつ辞めてもらっても構わないという扱いです。

人件費もかさむ中、有効活用しないともったいないと感じた私は、その方たちにどんな資質があるかを探るためにヒアリングを実施しました。

それぞれの特質を整理すると、一人は新しい技術に対する好奇心が強く、かつコツコツと夢中になって仕事をするタイプであることがわかりました。そこで、新しいシステムやサービスのための開発技術を学んでいただきました。するとそのあと、その方が関わったサービスは大きく業績を上げていったのです。

もう一人は、細かい配慮と論理的に物事を進めるところ、そして忠実なところを見込んで社長秘書をお願いしました。この方もメキメキと頭角を現し、そのあと総務部長になりました。

本気でメンバーの長所に目を向けてください。**何か一つ長所を見つければ、そこから成長していくことができます。**そして、必ず戦力になります。

18 メンバーのありのままを見る

士は己を知る者の為に死す。

――豫譲《よじょう》（中国春秋戦国時代の人物『史記』より）

これは中国の古典『史記』の中にある有名な故事からなる言葉です。

「自分の真価をよくわかってくれた人のためなら死んでもいい」という意味です。

晋の豫譲は、どこの国に行っても認められず、雑用ぐらいしか役割を与えられませんでした。そんなとき、彼の才能を認め、屋敷まで与えてくれた王がいたのです。しかしその王はそのあと、敵国に殺されてしまいました。豫譲は敵を討とうと幾度も襲いかかりますが、ついに果たせず、処刑されることになりました。そのときに言い放ったのがこの言葉です。

今の時代、ビジネスの世界に当てはめれば、**「自分を認めてくれた人には、自己の損得や都合、好き嫌いを超えても頑張って成果を出したい」**ということでしょう。

いずれにしても、相当強い動機付けであることは間違いありません。

あなたはメンバーを見ていますか?

「見ているよ」というあなたは、メンバーの何を見ているでしょう。どんなフィルターを通して見ているのでしょうか。

リーダーにありがちなのは、自らが実績を残してきただけに、その仕事ができた自分を基準として見てしまうということです。

するとどうしても、自分のやり方と同じであることが正解であり、違うものは不正解という判断をしてしまいます。あるいは、メンバーを役割に当てはめて、その枠に入っているかという視点でのみ見てしまいます。

すると、型枠のあるパズルと同じように、余ったり、欠けているところが、どうしても邪魔に感じてしまうのです。

リーダーになったときに、改めて意識していただきたいのは、その人の持っているリソース（資源）、持ち味は何かということです。

なぜ、長所という表現をせずに「リソース（資源）」という言葉を使ったかというと、一見短所に見えるものでも、場面を変えたら、長所になることがあるからです。

リソース（資源）を探すと、その人を見る観点が固定しづらく、柔軟なままでいられます。

人は言うまでもなく、小さい子どもから私のような50歳を過ぎた大人であっても、誰もが皆、認めて欲しいのです。

自分は誰かの何かの役に立つ存在でいたい、誰かに褒められたい、認められたい、本心は心の中でそう叫んでいます。

さて、承認には3つの種類があります。

結果承認：何か成果を出したことを承認される
行動承認：何かいい行動したことを承認される
存在承認：何もいいことをしなくても存在自体を承認される

人が一番嬉しく、心が満たされるのは3番目の「存在承認」を受けたときだと言われています。
まず、フィルターなしでメンバーを観察してください。メンバーのありのままを観てください。これが、「存在承認」につながる芽なのです。
すると、メンバーはそんなあなたと働くのが喜びになるでしょう。

19 メンバーに欲しいものを与える

人を動かすには、
相手の欲しがっているものを与えるのが、
唯一の方法である。

――デール・カーネギー（講師、『人を動かす』の著者）

リーダーであるあなたが、メンバーを観察する目的の一つは、メンバーが何を欲しがっているかを知ることです。

業務に身が入っていないメンバーにその欲しいものを与えることで、業務に集中して向かってもらえます。

これは、ご褒美という意味合いやニンジンをぶら下げることではありません。

メンバーが満たされていないために不安や悩みで心がいっぱいになり、他のことにエネルギーを注げない状態でいるのを、安心な状態に戻してあげるのです。

あなたが目の前の仕事に没頭したくても、大事な家族の安全が脅かされているようなことがあったら、そちらに気が行ってしまいますよね。

メンバーに安心して、意欲的に仕事にとり組んで欲しければ、メンバーには今何が必要なのかを知ることです。

では、今メンバーが欲しがっているものはなんでしょう。

現在の日本では、多くの場合、「承認されたいとか、感謝されたいなどの欲求」や、「自己実現欲求」を求めることが多いのです。

つまり「関心を持たれたい」「理解されたい」「認められたい」「愛されたい」「必要とされたい」「感謝されたい」などの欲求を満たしたい、あるいはそれらを脅かすものをとり除きたいわけです。

原因がそれらの場合は、普段の言葉がけで欲求を満たすようにしましょう。

業務上やプライベートにおいても心配事があれば仕事に没頭できません。自分の大切にしている価値観がもし犠牲になっているようでは、チームへの貢献も難しくなってしまいます。

例えば、家族との時間を大切にしたいメンバーがずっと残業続きであれば、リーダーは早く帰れる日を作れるようにサポートすることが必要です。

メンバーの抱える悩みの中には、他人にとってはどうでもいいようなことも多いものです。しかし本人にとっては、仕事がおろそかになるほどのことなのです。その感覚を理解することがリーダーには必要です。

私はその感覚を、靴の中に入り込んだ小さな石にたとえます。本人にとっては四六時中気になるから、すぐにでもとり除きたい。しかし、他人にとっては見えないほどの小さな石。その石の生み出す苦しみに共感することがリーダーには大事なのです。

実際に手を貸せないこともありますが、悩みを聞いてあげることはできます。**大切なのは、メンバーに対して思いやりを持って一緒に考えてあげることです。**もちろん解決できることがあれば、助言してあげましょう。


最後に、メンバーがリーダーからしっかりと関心を向けてもらっている、と感じられる聴き方の極意をお伝えします。

メンバーが話しかけてきたときは、相手に顔を向け、さらにきちんとへそを向けましょう。そして1番のコツは**つま先をきちんとメンバーのほうに向けることです。**

不思議なもので、顔を向けてもへそを向けてもメンバーから意識をそらすことができます。でも、つま先を相手に向けると、へそも顔もメンバーのほうに向きますし、相手に意識がロックオンされ、意識をずらすのが難しくなるのです。

これで、聴き上手なリーダーのできあがりです。

20 現場の情報に精通する

自分が知っていることを最初に言うな。
情報を集めるには、まず質問して、
自分がすでに知っていることと
一致するかどうかを確認せよ。

――ディヴィッド・J・リーバマン（アメリカの心理学者）

リーダーは、常に現場とともにあらねばなりません。現場で働いているメンバーが成果を上げやすいようにサポートすることが、リーダーの役目だからです。現場を離れ、状況がわからなければ、正しい判断はできません。

リーダーが常にすべてのメンバーとともにいることができれば、情報は把握できます。でもそれは難しいですし、メンバーも自立できません。

それゆえ、**チームを率いるリーダーは、メンバーから正確な情報が常に入ってくる状態にしておくことがとても大切です。**そのためには、メンバーが報告しやすい体制や雰囲気を作っておくのです。

せっかくメンバーが報告しに行っても、叱られてばかりだったり、リーダーが興味も示さず報告を重要視しなかったりすれば、どんどん報連相するのを避けるようになってしまいます。

リーダーの「どうせ自分は現場のことはよくわかっている。役目上、仕方がないから聞いてやる」などという気持ちが、メンバーに透けて見えるようではいけませんね。

報告にきてくれたメンバーに、ねぎらいの言葉をかけたり、褒めたり、その報告がいかに役立ったのかを感謝とともに伝えるのです。

「もしかしたら、何か自分の知らないことを聞けるかもしれない」そう思って聞いていれば、たとえ話し方が下手でもあまり気にならないでしょう。

「メンバーは、『一所懸命、現場で拾ってきた情報がチームや会社に、必要かもしれない。役立つかもしれない。リーダーが喜んでくれるかもしれない』と思い、一刻も早く伝えるために、今ここにきてくれたのだ」と、想像してみてください。あなたはどういう表情でそのメンバーを迎えますか。

メンバーの話は最後まで聴くようにしましょう。チームとして成果を出すための現場情報やリスク情報がすぐに正確に入ってくるようにするためには、その姿勢が必要です。

もし途中で質問したくなったら、質問内容をメモしてください。できれば、全部話が終わってからそのメモに従って詳しく聴いていくことをお勧めします。

質問することで、こちらが話の流れを誘導してしまうことがあるのです。

そして、結果的にメンバーが話そうと思っていたことを、勝手に端折ってしまうのです。

私はこれをやって、何度も後悔したことがあります。

「なぜあのときにその情報を言わなかった」とメンバーを問い詰めながら、気づいたのです。私が途中で質問することで、メンバーの話すタイミングを潰してしまったのだと。

話の途中で質問されると、メンバーはそこにリーダーの興味関心があるのだなと思って、それに沿って話をするようになってしまいます。そういったフィルターをつけさせないで、まず話をさせましょう。伝え漏れを起こさせない工夫です。

また別の話になりますが、メンバーが担当している仕事について、何かを決定することがある場合、決定の前に必ず担当者の意見を聞いておくようにしましょう。たとえその意見が反映されることがなかったとしても、気持ちを腐らせずに説明ができます。

もし担当であるメンバーに相談もなく勝手に決定することを続けていれば、メンバーからその仕事に対する思い入れや、やりがいを確実に奪うことになるでしょう。

21 チームの関係性に注目する

将を射んと欲すれば先ず馬を射よ。

――杜甫（詩人）

ボールをグラウンドの上で転がすところをイメージしてください。最初は勢いよく転がっていたボールも徐々にスピードを落とし、止まろうとするでしょう。同様に、新たなプロジェクトやチームとしてのとり組みも、スタート時は勢いよく動いていたのに徐々に停滞しはじめることがあります。そのまま手をこまねいていると、いつの間にか止まっていたり、消滅したりします。

ですから最初からそのつもりで、動き続けるように対策を打つことが必要です。

「人間」という文字が表しているように、人は単独での存在であると同時に、「間」つまり人と人との関わりによって、別の特徴人格を表出したりするものです。

例えば、ある人はAさんと一緒のときには非常に雄弁で積極的な面を見せるのに、Bさんの前では聞き手専門になり、むしろおとなしかったりすることがあります。

そこで、**リーダーは一人ひとりのメンバーを個として見る必要がありますが、同時にチームを一つの人格として見ることも必要です。**

そのためには、チーム内での関係性にも注目する必要があります。

一人ひとりについて把握できたと思っていても、チームという集団として行動する場合、メンバー一人ひとりが、同じ想いと同じくらいのやる気で行動するわけではありません。チームとして動きだしたとしても、メンバーがさまざまな思いを抱えながら動くわけです。全員が目標に向かって一致団結しているかというと、そうとばかりもいきません。ほとんどのメンバーは、日和見的な思いで動いていることが多いものです。

例えば、飲み会のあとにこれから2次会に行くという場合、ほとんどの人は行っても行かなくてもどっちでもいいと思っているわけです。一部の積極的な人間がいて、ホントは行きたくない人間がいて、大部分を占める中間層は様子見です。体制がどっちに動くかということを見てからどうするのかを決めようと思っています。

プロジェクトなどでも、チームリーダーがメンバーに目標へ向かう動機付けをして、ちゃんと動きだしたとしても、放っておけばゆっくりと推進力が落ちます。

そんなときに**キーマンをしっかりと押さえておくことで、減速に向かっていた流れを改めて動かすことが容易になります。**

危ないなと思ったら、そのキーマンに周りのメンバーの背中を押してもらえばいいのです。リーダーが一人ひとりに目配りできないときでも、やる気に再点火してくれます。

リーダーとしてプロジェクトを進めようというときに、メンバーの強い賛同が得られず、なかなか全員が腰を上げてくれないこともあります。そのようなときに鶴の一声を上げてくれて、全員をその気にさせてくれるキーマンは誰でしょう。それはいつも同じ人かもしれませんし、案件によっては普段、目立たないメンバーである場合もあります。

誰と誰の仲が良くて、誰が疎遠なのか、プライベートでの関係はどうか、それが業務内ではどうなのか、この仕事において一目置かれているのはどのメンバーなのかなどを、日頃から観察して把握しておくことも必要です。

チームとして同じ方向に導いていくときに、誰に前もって根回しをしておけばうまく全体が動きやすいのか、誰と誰を押さえておけばチームとしての一体感が出るのかを把握しておくのです。

チームを「将」にたとえるなら、メンバー同士の関係性（馬）にも注目しましょう。

第4章
メンバーをやる気にさせる方法

22 メンバーに希望を持たせる

努力する人は希望を語り、怠ける人は不満を語る。

——井上靖（作家『我が一期一会』より）

「毎日毎日代わり映えもせず、雑用仕事ばかり」
「こんなこと、いつまでやるんだろう」
「将来、大丈夫かな」

目の前の仕事に忙殺され、目先のことにしか目がいかないメンバーは、概して不安や不満を感じてしまうものです。

自分の今やっていることが、とるに足らない仕事だと感じるなら、はたして人はやりがいを持てるでしょうか。自分の仕事が世の中の何の役に立っているかわからず、誰がやっても同じといった思いにとらわれていたら、頑張り続けることができるでしょうか。

そういう状態のメンバーを、リーダーはどのように導くことが必要なのでしょう。

まず**リーダーが、その仕事がいかに社会的に意義のあるものなのか、いかにお客様から喜ばれているのか、いかに他部署の役に立っているのかなどを目を輝かせて語るのです。**

そして、メンバーに仕事の前後のつながりも意識させましょう。

冒頭の井上靖の言葉をそのまま解釈するならば、「努力をしている人は将来がより良くなる『希望』を語るものだが、怠けている者ほど『不平不満』を口にしているものだ」となりますが、私はむしろ、その逆もまた真だと思うのです。

「希望」を持ち「希望」を語れば人は努力できますが、「不平不満」を口にすればどんどんやる気も失せてしまい、怠けてしまいたくなるものです。

最初から「努力する人」と「怠ける人」が決まっているわけではありません。

誰だって、目の前の仕事がおもしろかったり、これをやればもっと幸せになれるという将来の希望が持てれば、一所懸命に打ち込むものです。

しかし、まいてもまいても、芽も出なければ実もならないとしたら、いったい誰が種をまき続けることなどできるでしょうか。

いつか必ず自分の思い描く未来が目の前に現れる、今よりも成長できる、新たな発見ができる、今やっている仕事は必ず世の中のためになっている、価値があることなんだ……。人はそんな「希望」を持ち続けられることができるからこそ、努力し続けることができるのです。

リーダーは、メンバーの目を「希望」に向けさせなければなりません。

そして、その「希望」に向けて努力したくなるようにする必要があります。

そのためにリーダーは、常にメンバーに問いかけることです。

「どうしたらできるか、考えよう」

「まだできることがあるとしたら、それは何だろう」

「これが達成したときに君が勝ちとるものがあるとすれば、それはどんなことだろう」

「我々がこれを成功させた暁には、どれだけの成長を得ることができるのだろう」

そして、

「どれだけ多くの人を笑顔にすることができるだろう」

「どれだけたくさんの人に貢献することができるだろう」

「今ここでこれをできるのは世界中で我々だけだ」


リーダーが仕事の意義を語り、希望に目を向けさせることで、メンバーはキラキラとした目で仕事に向かい、やりがいを見出すことができるのです。

23 メンバーを喜働させる

感謝するに値するものがないのではない。
感謝するに値するものを、気がつかないでいるのだ。

――中村天風（思想家）

「仕事なんだから、きちっとやれよ」

「仕事なんだから、それぐらいやって当たり前」

「やる気がないんなら、辞めたら?」

かつての私は平気でそういう心ない言葉を、メンバーにサラッと浴びせていました。挙げ句の果てには、上司に「お前はそんなに偉いのか?」などと叱られる始末。それでも、その頃の私は、自分に非があるなどとは微塵も思っていません。

ですから、メンバーの中にはだいぶ傷ついて、モチベーションを下げていた者もたくさんいました。

そんなこともあってか、チームの業績は思わしくなく、私はリーダー職を降格になったのです。そのことが結果的に、自分のリーダーとしての基本スタンスを見直すきっかけになったわけですが……。

私が自分は正しいと信じて疑わなかったように、人は誰もが皆、それぞれの思い込みをしているものです。でも、当時はそんなことすら気がついていませんでした。

チームを率いるリーダーの役割は、いろいろな考えや想いを持ったメンバーが、それぞれの能力や強みを最大限発揮できるように、また互いの足りないところを補いながら最大の成果を出せるようにすることです。

そのために特に意識を向けるべきなのは、メンバー一人ひとりの感情面なのです。

なぜなら、人は「感情」の動物だからです。いくら「理屈」を言われて、頭でわかったつもりでも、納得しなければ本気で動きません。

私は心理学の学校に通ったことがあるのですが、『感動』はあっても『理動』という言葉はない」と教わりました。

心理学者のダニエル・ゴールマンも「優れたリーダーシップは、感情のレベルに働きかけるものなのだ」と言っています。

リーダーとは、メンバーがどうしたら本気で動くのか、言い換えればどうしたら喜んで働くことができるのかを考える仕事です。

メンバーの心、感情に意識を向けましょう。忘れがちですが、自分にも信念があるように、メンバーにも信念があるのです。自分にも感情があるように、メンバーにも感情があるのです。それに気づいたら、「当たり前」ではなく「感謝」しましょう。

うまくできたことに感謝をするのは、「結果承認」です。

「見やすくわかりやすい資料を作ってくれてありがとう」

「今回の契約よくとれたね。私も嬉しいよ。ありがとう」

ポイントは、すぐに伝えることです。時間を空けてしまうと効果がありません。

結果の前のプロセスや継続して欲しいとり組みに対して感謝するのは、「行動承認」です。

「毎日、計画通りコツコツと見込み客訪問を重ねてくれているね。私も刺激を受けているよ。ありがとう」

「半年前と比べても、格段にプレゼンテーションに磨きがかかっている。相当勉強しているんだね。私も負けずに頑張ろう。ありがとう」

成果でも行動でもなく「存在承認」をすることも必要です。

「実は君がいてくれるおかげで、安心してリーダー業務が進められているんだ。感謝しているよ」

メンバーがそこにいるのは当たり前ではありません。その感謝を伝えましょう。

褒めるのと違うのは、感謝は自分の気持ちなので、言われたメンバーが否定せずに受けとりやすいのです。リーダーはメンバーの「喜働」にこそ、こだわりましょう。

24

誠意を持って褒める

言葉は真心を込め、
行いは慎み深く、
事を取りさばき、
人に接するには必ず誠意を持って臨め。

——渋沢栄一（官僚、理化学研究所創設者）

「褒める」ことはどうして必要なのですか、という質問を受けることがあります。その質問に対して、私はこう答えます。

① 褒めた行動を強化して欲しいから
② 本人の承認欲求を満たし、次の行動を起こすエネルギーにして欲しいから
③ 自信を持ってもらい能力を最大限発揮してもらいたいから
④ 単純に喜ばせたいから

そして結果的に、

⑤ 信頼関係を築きやすくなるから

まず、①の「褒めた行動を強化して欲しい」目的で褒める場合、そのメンバーができていなかった部分で、少し改善が見られたときが勝負です。その瞬間を見逃さないで間髪入れず、「お辞儀が綺麗になったね。練習したんだね」などと褒めるのです。これは、すぐ近くにいるリーダーだからこそできるのです。

すると必ずそのメンバーは、その改善を継続しようという勇気をもらえます。

次に②「本人の承認欲求を満たし、次の行動を起こすエネルギーにしたい」に関してですが、承認欲求については前項でも触れたように次の3つです。

Ⅰ結果承認

Ⅱ行動承認

Ⅲ存在承認

Ⅰの結果承認はいい結果を出したときに、それを褒めることです。これはやりやすいでしょう。ただし、日々の小さな成果もよく把握し、こまめに言葉かけをしてください。

Ⅱの行動承認は、結果はまだ出ていないとしても、そこに向けたプロセスの行動を褒めることです。先ほどの「お辞儀が綺麗になったね」は結果承認ですが「練習したんだね」は行動承認です。

Ⅲの存在承認は、何もしなくても存在自体を認めることです。「君がチームにいてくれて、場が和んでホッとするよ」と自分の気持ちと絡めて伝えてみてください。

③「自信を持ってもらい能力を最大限発揮してもらいたい」は、いいところをたくさん持っているのに自己認識が低いメンバーに行います。褒めることで気づいてもらい、自信

を高めて欲しいのです。そしてどんどん積極的に活躍してもらいましょう。

④「単純に喜ばせたい」は私の単純な楽しみです。しかし、実はこの気持ちが一番大事ではないでしょうか。

メンバーに喜んでもらいたい。良くなってもらいたい。成長する姿が見たい。すべて「利他意識」につながります。利他は相手を思いやる気持ちです。

メンバーが良くなることを自分の喜びと感じ、そのために言葉を発する。これが誠意を持って褒めることです。もちろんそこに相互信頼も生まれるのです。

なお、本当に世の中にはいろいろな方がいます。褒められると気が緩んで、次の行動がダメになる人もいます。その場合は単純には褒めません。

例えば競争意識が高いメンバーなら、「君の同期の清水君はもう1件契約したようだね」とライバルを引き合いに出すなど、他の効果的な方法を探します。

リーダーはメンバーの成長を願い、そのための言葉を選び、願いを込めて伝えましょう。

25 メンバーに将来像を描かせる

夢なき者に理想なし。
理想なき者に計画なし。
計画なき者に実行なし。
実行なき者に成功なし。
故に、夢なき者に成功はない。

――吉田松陰（幕末の思想家、教育者）

私がリーダー時代から、必ず自分のチームのメンバーに問いかけていたことがあります。

これは今でも変わらないのですが、

「将来どうなりたいの」

「将来の夢はどんなこと」

「将来どんな人でありたいの」

という質問です。

メンバーに聞きはじめたときは、将来像を考えておらず、「わかりません」「考えたことがありません」というような答えが大半をしめます。

それでもことあるごとに何度も聞いていると、少しずつ考えていくようになるのです。

当初は自分も夢を大事にしているため、単純な興味本位で聞いていました。しかし、メンバーの将来像を聞くことが、メンバーとのコミュニケーションをとる上でも、育成のサポートをする上でも、とても役立つことがあとからわかりました。


将来像は今のあり方に大きく影響を与えるので、何も考えていない人とは働き方に大きな違いが生まれてきます。

例えば、ひたすら一所懸命にお客様のところに通うメンバーと、人様に頼りにされる人になりたいという思いを持ちながらお客様のところに通うメンバーとでは、気づくこともまったく変わります。

前者は注文に応える御用聞きのような仕事ぶりになり、後者は相手の注文以外にも何か役に立てることはないかと目を皿のようにするでしょう。

当然、モチベーションも変わります。後者は、やらされ感でやっていません。自分の人生の夢ですから、言われなくても活き活きととり組みます。やっている仕事に付加価値をつけることも骨を惜しまないはずです。

その上、自分の夢を共有してくれているリーダーから、

「今回君の気づいたポイントやアプローチはすばらしかったね。どうしてそういう仕事ができたのか、一連の経緯について他のメンバーにぜひ解説してあげてくれないか。きっと周りもとても刺激を受けると思うんだ」

などと承認の言葉をかけられたら、とても心強い上に誇らしいのではないでしょうか。

たとえメンバーの夢が今の業務とまったく関係がない職業、仮に立派な八百屋さんにな

りたいでも構わないのです。この場合、「立派な」とはどういうことなのかを詳しく聞いていきます。『お客様に愛される』『きちんと利益が出せる』『従業員をしっかり育てられる』『周りから信頼される』などと、深掘りしていきます。

いかがでしょう。これらは現在の業務でも磨くことができるものではありませんか？

一見、現在の業務と将来にはあまり接点がないと感じられますが、少し深掘りして因子分解していくだけで必ず共通点があるものです。

リーダーはその共通点を認識させて、そこを意識した言葉がけや育成を考えればいいのです。「お客様から愛されるという点では、今回どんな行動を意識したらいいと思う？」「信頼をより勝ちとるために今月何をしていこうか」という具合です。

将来像を考えることは、今までのただ流れていた「現在」を、「夢につながる現在」として捉え直すことになります。そして、自分の夢と現在の業務をリンクさせて、強い動機づけをし、今、何を意識するべきか、どう行動するべきかを明確にするのです。

夢を共有し応援してくれている存在が近くにいることは、とても心強いことです。

リーダーであるあなたがぜひ、その役割をはたしてください。

26 メンバーに選択させる

主体性を持つというのは
人間として自分の人生に対して自ら選択し、
自ら責任をとるということ。

――スティーブン・R・コヴィー（経営コンサルタント、『七つの習慣』の著者）

メンバーが業務に対して、当事者意識を持って積極的にとり組むためにはどうしたらいいでしょうか。

メンバーに業務を指示する場合、メンバーが迷わないようにリーダーが1から10まですべてを指示することがいいと思いますか？　それとも、ある程度の選択はメンバーに任せたほうがいいと思いますか？

あなただったら、どちらのほうがやる気になりますか？

人は、ある程度でも自ら選択する自由があったほうが、やりがいを感じることができます。

心理学では、自分の意思で自由に選択したいという気持ちを「自律性の欲求」といい、モチベーションに大きく関わるとされています。

つまりリーダーは、メンバーが業務に入る前に、この「自立性の欲求」を満たすようにすることを考えるべきです。

また、メンバーの選択した方法が多少あなたが考えていたことと違いがあったとしても、枝葉末節《しようまっせつ》の部分は許容してやらせたほうが、いい結果が出るものです。もし、うまくいかなかったとしても、メンバーは軌道修正することで経験値を得られます。

では、メンバーにあらかじめ選択させる余地がなく、どうしても指示・命令をすることが必要なときは、どうしたらいいでしょうか。

そのときは、**「今回の進め方については、こうしてはどうだろうか」というように、提案の形をとるのが有効です。**

結局は「こうしてくれ」と指示しているのですが、受けとるメンバーからすれば自分の意向を一応聞いてくれていることになるので、ぐっと受けとりやすくなりますし、尊重されている気持ちが残ります。

同様に、仕事を依頼するときは、

「この仕事を清水さんに任せたいのだが、どうだろうか」

という言い方もできますね。

業務の指示や依頼をするときに、業務内容だけを伝えることが多いと思います。しかし、業務のやり方を詳しく指示するよりも、その業務の目的や、結果的に誰の何を満たして欲しいかを伝えることこそが、メンバーにやる気を持ってもらうためには大事です。

その上で、メンバーにどのように業務を行うつもりかを、質問して答えてもらいましょう。

この「自立性の欲求」をうまく満たされていた例が、私がリクルートに勤めていた時代に行われていた目標設定会議です。

課の営業目標設定のときは、目標数字のすべてを上司から各メンバーに割り振るのではありません。昨年実績などでまず大部分を振り分け、それでも残った目標数字をメンバー全員で全部なくなるまで、少しずつとっていきます。

このやりとりもおもしろいのですが、各メンバーが一応納得の上で目標数字が決定します。自分で選択することで、ノルマ感はなく受けとっていました。

このように全部を自由にさせる必要はなく、一部分でいいのです。

メンバーのやる気を出させるために、「選ぶ自由」を意図的に与えるようにしてください。

27 責任は自分、手柄はメンバーに

君たちは勝ち負けを一切、気にしなくていい。
勝ち負けは俺の責任だ。
その代わり、試合に出たら自分のベストをつくせ。
俺はいい結果を出した選手は必ず使う。
結果を出さない選手は使わない。

――仰木彬（元プロ野球監督）

メンバー時代に華々しく活躍していた方ほど注意して欲しいのですが、自身のスター意識は少しひっこめてください。今やあなたはリーダーです。

「俺が俺が」「私が私が」と、自らアピールしなくても十分に注目されています。まったく立場が変わったのだと認識しましょう。今後は**「俺が俺が」「私が私が」と言えば言うほど、リーダーとしての評価が下がっていくと思ったほうがいいです。**

ただ、難しいのがリーダーになってもプレイヤーのままで、数字目標や担当業務を持っているということです。それが、なかなか切り替えられない原因です。

それでもしつこく言いますが、立場が変わったのです。これまでは自分の働きや成果をアピールしていたところから、今後はメンバーにスポットライトを当てるようにしましょう。

例えば営業同行で、ほとんどあなたが商談を進めた場合でも、そのメンバーがアポイントをとったことや、準備資料にいろいろ見やすい工夫をした点、以前より成長したと感じている点などについて、他のメンバーに伝えて賞賛してください。

メンバーの手柄を、自分の手柄と感じて喜んで発表していきましょう。

リーダーが商談をほとんど進めたことくらいは、言われなくても他のメンバーはわかります。それをもしリーダーが自分の口から言ってしまったら、メンバーは心の中でこうつぶやくでしょう。

「なんて器の小さいリーダーだろう」

「ハイハイ、えらい、えらい」

私は実際に横で女子社員がこうつぶやくのを聞いたことがあります。

メンバーはふとしたことで、リーダーの器を見透かすものです。

上司が部下を見極めるのに3年かかり、部下は上司を3日で見極めるとは、よく言ったものです。

業績だけではなく、アイデアなども大枠をあなたが考えたとしても、例えばそのきっかけを与える発言をしたメンバーがいたら、そのことをクローズアップしてあげましょう。

「あのときの木村くんの発言が、このアイデアの生みの親となりました。みんなのお互いの発言を歓迎するこの風通しの良さが、チームの財産です。ありがとう」

目的はメンバーがあなたを信頼し、活き活きと職場で活躍してもらうことです。いかにお互いが同じ目的に向かって協働できるか、そのために意識を向けましょう。

同様に、勝負をかけたプレゼンテーションに臨むメンバーがいたら、

「大丈夫、この1週間よくがんばった。お前のやってきた努力を俺は知っている。最後の責任は俺が持つから、安心して堂々と胸を張っていけ。そして勝ちとってこい」と言って、力強く送り出してあげてください。きっとあなたに強く背中を押されて、心強いでしょう。

メンバーが走るのを躊躇するのは、失敗したら責任をとれるだろうかという思いのときが多いのです。それゆえ実力以上のことにチャレンジすることは怖いし、避けたいというメンバーもいます。

そういうときに**リーダーがしっかり見てくれている、サポートもしてくれる、責任もとってくれる、という安心感があれば、勇気を出してチャレンジできるでしょう。**

そして、万が一メンバーが失敗したときは、リーダーが必ず矢面に立つ覚悟で行動してください。そういうリーダーのいる組織は皆が活き活きしていますし、一枚岩で頑強なものです。

28 チームで喜び合える場を作る

一人で見る夢は、それは夢にしかすぎない。
しかし、みんなで見る夢は現実となる。

――エドゥアルド・ガレアーノ（ウルグアイのジャーナリスト）

リーダーは、チームが一体となって同じ方向を向いて協力していけるような「場作り」をすることが必要です。チームが成果を出すためには、メンバーの一人ひとりが当事者意識を持って同じゴールを目指すことが大事だからです。

そのためには、**チームという「場」が、メンバーのモチベーションアップができる所であることも大切です。**

メンバーがチームで働くことを喜びと感じ、お互いに切磋琢磨できる雰囲気が生まれる仕掛けを考えましょう。

特にスタッフ部門などは営業と違い数字で評価されることもない分、普段から褒められたり表彰されたりといったことがあまりありません。

できて当たり前。ミスしたときだけクローズアップされるような減点主義のように感じられる状態では、日々の業務に対して背中を押されることも少ないはずです。

リーダーは、こういったところに注目して**メンバーと一緒に「場づくり」することを考えてみてください。**

あるクリーニングチェーンでは、毎月「私はこのメンバーからこんな刺激を受けました」、

「このメンバーはこんな仕事ぶりがすばらしい」、「感謝の気持ちを送りたい」という人に「サンキューカード」とともに星のマークをおくります。そして、その数の多さで、今月のスターを決めて表彰するとり組みをしています。

実際、同様のとり組みをする会社も業種を問わず、数多く出てきました。

このような方法で、表彰された人は、同僚のメンバーから認められたことに喜びを感じます。そして、さらにその長所や貢献できている能力を積極的に磨こうと行動をするものです。

習慣化すると、日常の中でもお互いに承認の言葉を伝えあったり、仲間に関するいい話題が上ったりして、メンバー同士の関係性がとても良くなります。

ちょうどこの原稿を書いているときに、リオデジャネイロオリンピックの男子400メートルリレーで日本が銀メダルをとりました。

日本チームがアメリカやカナダを抑えて、銀メダルをとれるなんてすごい快挙です。

日本選手の個人の能力が向上していることもありますが、決勝に出ることすら奇跡と言われている中での銀メダルです。

この銀メダルは、日本チームがバトンリレー、チームワークを徹底的に磨くことでなされた奇跡です。個々の能力だけではなく、それぞれをつなぐバトンリレーが体格差、体力差を凌駕できるくらい大きな力を持つということを改めて教えてくれました。

スポーツの世界の話ではありますが、ビジネスにも通ずることですね。

また、**いい関係性を作るには、お互いがお互いをよく知ることも大切です。**

そこで、一人ずつ人生年表を作り発表することをオススメします。質疑応答までですると、お互いに、知っているようで知らないメンバーの人生を知ることができ、心理的な距離感がぐっと縮まります。そのあとのコミュニケーションもとても良くなります。

私がいた会社では、3カ月に一度、定期的にチーム全員でお互いの長所だと思うところをまず書きだして、一人ずつに感謝の気持ちとともに伝え合い、受けとるというワークショップを行っていました。ほっこりしますよ。

ぜひこれらを参考に、メンバーと一緒にどのようなとり組みをしたらチームの関係性が向上するかを話し合いましょう。そのこと自体がチームビルディングに役立ちます。

第5章
メンバーと仕事で結果を出す

29 成功体験を共有する

誰かが一つのことを立派に成し遂げると、
他の人たちはこれに刺激を受け、
さらに立派なことをするものである。

――ヘンリー・フォード（企業家、フォードモーター創設者）

仕事をしていれば、計画通りにうまくいくこともあれば、逆の結果になることもあります。チャレンジングな仕事をしていれば、なおさら1回でうまくいく確率は少ないでしょう。それなのに口では「チャレンジしよう」と言いながら、評価において失敗を厳しく責めていたのでは、メンバーがチャレンジを躊躇するのも当然です。

リーダーとして大切なことは、メンバーの意識のベクトルを、いい結果を生み出すための「行動」に向けることです。

それは、ズバリ「できなかった」ことに目くじらをたてるのではなく、「できたこと」つまり成功事例にスポットライトを当てることです。

失敗を反省するときも、考えるのは「次は、どのようにうまくやるか」です。

ダメだったことが目の前にぶら下がっているのと、できる方法が目の前にぶら下がっているのでは、どちらが人は自ら動きたくなるでしょうか。

当然、後者のほうが、人は動きたくなります。

私がサラリーマン時代を過ごしたリクルートでは、営業の誰かが大型受注をすると、すぐさま、「どこの」「誰が」「どこの会社から」「いくらの受注をしたのか」が、全館放送で流れてきます。さらに売上数字、達成率ランキング、受注内容が社内に貼り出されました。するとと私たちは、その担当営業マンに連絡をとり、受注の経緯の詳細などをヒアリングします。そしてやり方を真似て、似たようなお客様に営業したものでした。

当時、求人雑誌の広告営業で2ページ企画の商品にもかかわらず、従業員10名の会社から6ページも受注してきたりする営業マンがいたのです。

その方法を教えてもらうと、「ああ、その手があったか」と、自分の知らず知らず凝り固まっていた既成概念が叩き壊されます。

そして、「自分もああいう受注をしたい」「できるかもしれない」と思えるわけです。

もちろん仕入れたトークや事例がそのまま見事にはまることもあれば、一捻り二捻りしなければならないこともあるのですが、頭の中は「どうやって受注するか」「なんとかして、これをきっかけに受注してやる」の一色になります。一種のトランス状態です。このときに、やらされ感などはありません。

「自分も同じような受注をしたい」「できるかもしれない」「やりたい」「もっとすごい受

注がしたい」と、成功するための行動に意識は集中するものです。それが新たな成功事例を生んでいくのです。

まさに、冒頭のフォードの言葉「誰かが一つのことを立派に成し遂げると、他の人たちはこれに刺激を受け、さらに立派なことをするものである」そのものです。

これこそが、リーダーがメンバーに望む姿勢ではないでしょうか。

リーダーは、メンバーが起こした行動で成功したこと、真似して欲しいことをタイムリーに共有することに邁進すべきです。

失敗した、欠けた部分ではなく、メンバーに可能性を感じさせ、動きたくなるような、真似したくなるような成功事例を日々、拾い上げて、つぶさに共有できる仕組みを組織に作りましょう。そう「お手本」の共有です。

そして、**共有すべき成功事例は過去の体験などではなく、まさに「今」、「旬」のネタです。**これこそ、皆が求めている必要情報なのです。

30 メンバーに改善すべき行動を具体的に示す

ともかく
具体的に動くことだね。
いま、ここ、を具体的に動く
それしかないね。
具体的に動けば
具体的な答が出るから。

――相田みつを（詩人、書家）

ときには、どうしてもメンバーの行動を変えさせなければならないこともあります。

しかしながら、

「なんだ、あのわかりづらいプレゼンは」

「また今日も契約0かよ」

「いい加減ちゃんとしたらどうだ」

ついこんな叱り方をしてしまってはいませんか。残念ながら、私はしていました。

しかしながら、
メンバーはわかりづらいプレゼンテーションをしたかったのでしょうか。

メンバーは今日も契約0にしたかったのでしょうか。

メンバーはちゃんとしていないつもりなのでしょうか。

おそらくすべて逆ですね。

つまり先ほどのリーダーの発言では、何の改善も生み出しません。なぜなら、どこをどのようにしたら改善できるのかを具体的に指摘してしていないからです。


特に新入社員などの知識と経験が浅いメンバーや、社歴があってもその業務に通じてい

ないメンバーには、しっかりと具体的な指示が必要です。

例えば、

「まず、わかりやすいプレゼンテーションをするためには、話の組み立ての順番があってね……。今日の君の説明するのを見て思ったんだけど、PREP法というのは知っているかな。つまりね……」

「まず、今日契約をするためには、その前段階の意思決定客は何件必要かな。では、そのためには月に何件の反響が必要かな。そのための種まきとして、チラシのポスティングを500枚は完了させよう。エリアの絞り方はわかっているかな……」

「まず、ワイシャツの一番上のボタンはしめようか。そこはモードスイッチと言ってね。そこをしっかり留めることで戦うモードに入れると私も先輩に昔教わって、それ以来ずっと続けているんだ。見た目の印象も気持ちもグッと変わるだろ」

などと、**必ず行動レベルに落とし込んで、具体的にどう変えるのかを指示して理解させることが必要です。**

その上で反復行動させます。知識として身についただけでは、結果はなかなか変わりません。反復させることで、習慣として体に染み込ませるのです。

例えば、接客のロールプレイングなどは、全体を通して行うことも大事ですが、相手の習熟度を見ながら部分ごとにやらせることもあります。まずは店舗にお客様がきた設定で、挨拶からお客様の前に座るまでを繰り返すなどをします。

そこで「笑顔が良くなったね。きっとお客さんも嬉しくなるね」とか、「名刺交換にまごつかなくなったね」などと、成長した部分を確認しつつ、次の改善行動に移っていきます。

加えて、特に気をつけて欲しいのは、人間性に対する攻撃を絶対にしないことです。

「そんなだらしない態度じゃ何もできんぞ」

「本当お前、物覚え悪いよな」

などと言ってみたり、「こいつアホか」と口に出さなくても、無言で首をかしげるのもNGです。

いくらメンバーの信じられない行動にイライラしたとしても、人格を傷つけるような言動をしてはいけません。メンバーとの関係を一瞬で崩壊させてしまいます。

あくまでもメンバーの行動に着目し、メンバーの行動のどの部分が間違っていて、具体的にどう改善したらいいのかをアドバイスしましょう。

31

課題は細分化して挑ませる

夢を掴むことというのは一気にはできません。
小さなことを積み重ねることで
いつの日か信じられないような力を
出せるようになっていきます。

――イチロー（メジャーリーガー）

人はできる可能性がまったくないことには、モチベーションが上がりません。最初から諦めてしまい、とり組もうとさえしないでしょう。

しかし、難易度が高い目標でも、もしかしたらできるかもしれないという可能性が見えた途端、急にやる気が出てくるのです。

逆に自分の能力よりもはるかに低い目標の場合も、モチベーションはほとんど上がりません。

では、メンバー育成の観点で考えた場合、どのように目標や業務を与えるべきでしょうか。

結論から言うと、**メンバーがギリギリ頑張ったらやっと手が届くようなレベルの業務に挑ませることです。**そうすることで、最後まで諦めず、積極的かつモチベーション高くとり組ませることができます。

しかし、メンバーから見て、大きすぎると感じられる目標や課題に挑まねばならない場合もあるでしょう。

そのときこそ、リーダーの腕の見せどころです。メンバーに業務や課題を細分化して捉えるようにアドバイスしてください。ゴールまでの過程を細分化して見せるのです。どの程度細分化するかは、メンバーがこれならできそうに思えるところまでです。**諦めずにこれならできるというところに小目標を置き、一旦そこまでに集中させるのです。**

どんなに高い山も、どんなに遠い場所も、そこに至るには一歩一歩の積み重ねが必要です。最後まで諦めなければ、必ず到達できるものです。でも最初からとても高く、はるかに遠いゴールだけを見続けていては、意欲も萎えて途方に暮れてしまうでしょう。

とりあえずあの石のところまで、とりあえずあの坂の上までと当面の小さな目標（マイルストーン）を定めることで、到達目標を実現可能なものにすることができます。

2016の8月、メジャーリーグ・マーリンズのイチロー選手が、メジャーリーグ通算3000本安打を達成しました。この大偉業は毎日欠かさないトレーニングと、一シーズンごとの課題を乗り越えたからこそ生まれた記録です。

大切なことはメンバーに立ち止まらせず、歩み続けるように促すことです。そしてその一つ一つの小目標をクリアすることにより、達成感と自信を積み重ねることができます。これが、メンバーの成長にもつながりますし、次のチャレンジへのエネルギーにもなります。

イチロー選手も「1試合ごとに自分をめちゃくちゃ褒める。そして次へのエネルギーにしているんです」とインタビューで語っています。

人間は習慣の動物とも言われています。**小さな成功を積み重ねることで、成功することが当たり前になるのです。**そのことが成功への執着となります。多少のことではあきらめない体質になっていくわけです。

逆にいつも未達成を続けていったらどうでしょう。それが当たり前ですから、その状態から抜け出しづらくなります。

良くも悪くも人は変化を嫌うものだということも、覚えておいてください。

リーダーとしてメンバーに変化を生み出したければ、小さなことを積み重ねて、それを当たり前にするのです。

32 言葉の明確さにこだわる

明確さこそがパワー。

――アンソニー・ロビンズ（自己啓発作家）

「山田くん、あれさぁ、もうできている?」

「……あれって、どのことですか?」

こんな会話は論外ですが、その論外が日常茶飯事ではありませんか?

リーダーとしてメンバーに仕事の指示をするときに、この感覚の延長で会話をしていると、メンバーに余計な負担をかけることになります。


「解釈のずれ」から仕事のやり直しが起きたり、余計な不安のせいでとり組むまでに停滞時間が生まれたり、効率的な業務遂行の妨げになったりします。


またよくあるケースですが、リーダーの「今月の目標だけど達成できそうか」という質問に対するメンバーの「やるべきことをしっかりやります。頑張ります」という答え。

ここでリーダーは、その元気の良さに安心してしまったり、勢いに水を差してはいけないと遠慮してしまったりしてはいけません。

「頼もしいね。確認の意味で教えてもらいたいのだが、やるべきことの中身は何かな」

「しっかりって、何をどれくらいやろうとしているのかな? 具体的にどんな工夫をして、達成するためにどのくらいの量をこなす予定なのかな」

などと、問いかけなければならないのです。

答えに具体性がなければ、メンバーは勢いだけでこれからとり組もうとしています。その威勢は買うものの、もう少し具体的に考え直す機会を与えることも必要ですし、アドバイスもしなければなりません。

もっと言うと、そもそも目標達成するつもりなのか、するつもりならどの程度の達成率を狙っているのか。１０５％なのか１２０％なのかを確認する必要もあります。下手をすると80％を目指していることもあるのです。

それによって、あなたが率いるチームの数字も変わってきます。本人も気づいていない曖昧さによるエネルギーの分散を正すのです。

リーダーとしての発言も、例えば全体の場で「主体性を持って行動してもらいたい」「チーム一丸となって」と言うのはいいのですが、個別の指示の中でこんな言葉を使っていては困ります。

「主体性を持つ行動」とはいったいどういう行動なのか、「チーム一丸」とは具体的にどの役割とどの役割が連携した行動なのかを、具体的かつ明確に伝えなければ前に進まないでしょう。

とりあえず言えば伝わるだろう、伝わっているだろうという認識は捨てることです。お互いのわかったふり、わかったつもりを野放しにしてはいけません。

そして、リーダーの指示に不服を感じているメンバーが、「先ほどの指示にはみんな反対しています」などと言ってくることがあるかもしれません。

こんな風に言ってこられると、リーダーとしては少し気持ちが怯んだりしますよね。でも、その前に確認しましょう。

「具体的には、誰がどういう理由で反対意見を言っているのか教えて欲しい」

すると案外、一人二人だったりするものです。少数意見でも参考にすることは大事ですが、たじろぐ必要はありません。

現場の仕事には曖昧さは無用と考え、徹底的に排除しましょう。**メンバーが現場で迷わないように、具体的な行動を起こさせることがリーダーとして意識することです。**明瞭さがパワーです。リーダーは「言葉の意味すること」に敏感になりましょう。

33 メンバーの見えていないところを示す

いかなる問題も、
それが発生したのと同じ次元で解決することはできない。

――アインシュタイン（物理学者）

視座を高く持つこと、俯瞰して業務や組織を見ることの重要性は04項で述べました。

今回は、メンバーが課題にぶち当たり、なかなか自力で解決に向かえないで困っているときに背中を押してあげるのもリーダーの役割です、という話です。

冒頭のアインシュタインの言葉のように、**課題が解決できないときは違う視点から考えていくことが必要です。**

そこでメンバーには、「自分だけで進めるという考え方から、上司をうまく使うという考え方をさせてみる」とか、「自分だけの見方ではなく、顧客の立場から今一度考えてみる」とか、「現在の視点だけでなく、少し長い期間の視点で考えてみる」などのアドバイスをします。

課題を解決できたということは、メンバーが今までとは別の次元からのアプローチができたということになります。それは、メンバーがすばらしい成長をしたということです。

これはリーダーにとっても、とても喜ばしいことですね。

ここで、一つ注意しなければいけないのは、本書の目的はメンバーが自ら動くことです。他の項でも述べているように、なんでもリーダーが手とり足とり教えることが最善の解決策にはならないこともあるのです。

「青年は教えられるより、刺激されることを欲する」とドイツの文豪ゲーテも言っています。**全部教えられたことをやるのでは、メンバー本人のせっかくのやる気を削いでしまいます。**

誰でもやる気を保つには、自分で考えたり、自分で決めたりすることが大事です。簡単に言えば、自分がやると決めたことは楽しくできるということです。ですから、あくまでも本人が解決策に気づき、判断して再度チャレンジすることが望ましいのです。

メンバーが自ら動く組織になるためには、リーダーの頭の中から、「自分でやってしまったほうが早い」「指示だけ出して有無を言わせず従わせたほうが仕事がはかどる」という考えを追い出しましょう。

たとえ**リーダーからヒントをもらったとしても、自分で気づいたり決定したりすると、やる気は大きく燃えあがります。**

大事なのは、「自分がわかった・決めた」という事実です。人は心理的に、自分で選択をしたいという気持ちがあり、その自由が奪われると抵抗したくなるのです。

子どもの頃、宿題をやろうかなと思っていたときに、親から「早く宿題をやりなさい」と言われると途端にやる気が失せてしまいましたよね。その気持ちに通じることです。

ですから、メンバーが課題解決に煮詰まっているときは、できるだけ自分で答えを導き出せるように、別の次元から見直すように誘導してあげるのです。

自分視点に固執していたら相手や他人の視点を想像させる、漠然としか見ていなければ各論に分解して考えさせるなど、煮詰まった思考のもとになっている立ち位置を移動してあげてください。

ただし、メンバーが状況的にすぐに答えを欲しがっているときは、ストレートにアドバイスや解決策を提示してあげることです。ここでも、メンバーの状況をよく観察することが重要になります。

34 会議をうまく運営する

たいがいの会議は
問題点や解決すべき目標が不明確だから、
いつまでたっても結論が出ない。

――大前研一（経営コンサルタント・企業家）

メンバーに当事者意識を持ってもらうためには、とり組むべきプロジェクトに最初から参加させることが有効です。最終的な意思決定までの過程に自分が関わっているのと、突然指示だけが降ってくるのでは、とり組む姿勢が大きく変わってきます。

そこで会議をうまく使うのです。

実りある会議にするための３つのポイントを押さえましょう。

第一のポイントは、参加するメンバーに対して、会議の前に必ず会議の目的と議題、ルールを知らせることです。

会議目的が「今季の売上目標必達のため」だとします。もし議論が紛糾して収拾がつかなくなったときに軌道修正する先は、常にこの目的となるのです。

次に議題の設定の仕方ですが、できるだけ具体的にします。具体的であればあるほど、参加者の思考を集中させることができます。

例えば「今季の売上目標を達成する方法」よりは、「新規客で売上残７００万円を上げる方法」のほうがいいですし、「新規客で売上残７００万円を上げるための集客方法」のほうがさらに具体的でいいです。

議題に加えて、アイデアを豊富に出す「発散型」の会議なのか、内容を討議し結論を出すための「収束型」の会議なのか、それを段階的に両方行うのかも告知しましょう。

「発散型」会議では、アイデアの背景を聞く質問はしてもいいですが、一つ一つのアイデアに対する評価や意見を言ってはいけません。とにかくどんどん数を出すのが目的です。このときにメンバーに、どれだけ口を開かせたか、アウトプットさせたかということが、メンバーのそのあとのプロジェクトへの参加姿勢を前向きにさせるのです。

その意味でもリーダーは、この発散型の会議を有効に使いましょう。

第二のポイントは言葉の解釈を具体的に合わせることです。特に「収束型」の会議では注意してください。これによって議論の次元のずれを防ぐことができます。

最近は「グローバル化」「ダイバーシティ」「イノベーション」「サステイナビリティ」など、たくさんのカタカナ言葉を耳にすることも多くなりました。しかし、優秀（に見える）な人間ほどこれらの言葉を使って、その実、具体的な内容が何もないことも多く、本人がそれをどういう意味で使っているのか、そもそも本当に意味を知って使っているのかも疑わしいことがあります。

加えて、聞いている方がどのように受けとっているかも心配です。わからないけど、とりあえずこんな意味だろうといった適当な処理をしていることも多いものです。

第3のポイントは、会議の終了には必ず「決定事項」とその「担当」と「締切り期日」を決定しましょう。議事録は即日配布するのも鉄則です。

また、議題を具体的にしても、逸れる発言をする参加者もいるでしょう。そんなときのためにもう一つホワイボードを用意して、一時的なパーキングとするのも一つの手です。つまり別枠として、議題からそれた意見はそこに板書しておくのです。

せっかくの発言を無下に却下するのも、場づくりの上でマイナスです。発言者も一応とりあげてもらったという満足感がありますし、あとで関連する議題のときに使えるかもしれません。

リーダーは発言をする機会としての会議をうまく活用しながら、メンバーのプロジェクトへの参加意欲を高めることができます。

35 発言できる雰囲気を作る

新入社員の発言でも、
それが正しいことならば会議を通る
という体質にしておかないと、
会社は成長していきません。

――孫正義（ソフトバンク創業者・取締役会長）

私はこの孫さんの言葉に同感です。少しニュアンスが違うかもしれませんが、私自身、4月の新人研修時で次のように伝えています。

「**たとえ新人の発言であっても、それを有効に受け止めるかどうかは、聞く側にあるのです。**なまじ知識がないゆえの普段なら出ないような発想や意見であるからこそ、刺激を受けるものです。私自身は何度もそこからひらめきをもらっているので、とても役立っています。どうぞ皆さん、会議では発言をするようにしましょう」

一人ひとりが自発的に行動するチームには、メンバー同士が自らの意見を活発に発言できる雰囲気があるものです。逆にメンバーが発言しづらいチームは、最初こそ不満を感じるものの、次第にそれもなくなり、自分なりに考えることをしなくなります。

メンバーからすれば、上司や先輩がいる場では、知識や情報をあまり持っていない自分が発言してはいけないのではないか、他の人と違うことを言ったら場の空気を壊すんじゃないかなどと、発言に消極的になることが多いものです。

その上、勇気を出して発言したメンバーが嘲笑されたり、頭ごなしに否定されたり、結果的に恥をかかされている様子を目の当たりにすれば、本人だけでなく他のメンバーも発言を控えるようになるのは当たり前です。


あなたがリーダーとして作りたいチームとは、どのようなチームでしょうか。

何も自分の考えを持たず、言われたことだけを黙々とただ行っているチームですか？

それとも、一人ひとりが自ら考えて活発に意見やアイデアを出し、チーム全員が当事者意識を持ち、同じ目的に向かって最高の成果を出せるそんなチームですか？

ちなみに後者は、多くのリーダーの方からヒアリングしてまとめた理想のチーム像です。

もし、そのようなチーム作りを本気でしたいなら、リーダーがメンバーに、意見の違いやぶつかり合いを歓迎することを言葉や態度で示すことです。


「いろんな意見があって皆それぞれ違うから一緒に働く価値があること、いろいろ異なる発想やアイデアが出てくるのはすばらしいこと」というメッセージを送り続けるのです。

そして、意見を出す段階では、決して出てきた意見やアイデアを否定してはいけません。

その段階では、検討しなければいいのです。誰かが意見を出したら、歓迎の意を態度で示しましょう。感心した表情を見せる、拍手をする、興味を持って質問するなどです。

子どもだって大人だって同じです。褒められたり、認められたりしたら、誰だってもっとやろうと思うのです。

私は大学の講義でも、クライアント先の指導でも、参加者同士の発言に対して拍手をしていただきます。これだけでも、発言力は飛躍的に上がります。

それぞれが出したアイデアや意見を話し合っているうちに、そこからの選択だけでなく、新たな別の案が生まれて検討材料に乗ってくる、そういう話し合いを目指してください。

一つ気をつけて欲しいことは、多数派の意見だという理由で決定してしまうことです。**リーダーは冷静に場を見つめ、少数派の意見も充分に検討しているかを確認してください。**多数決の結果が必ずしも正しいとは限りません。リーダーのこういった姿勢や進め方も、メンバーにはとても頼もしく映ることでしょうし、そこから学んでいきます。メンバー同士がお互いの意見を尊重し、議論できるチームとなっていくのです。

こうしたリーダーのメッセージや実際の言動が、発言したくなるチームの雰囲気を作り、当然ながら一人ひとりが自ら考える姿勢を作ります。そして、自らが参加し決定した内容に当事者意識を持ってとり組むチームへとなっていくのです。

36 メンバーに高い基準を持たせる

幸福は自己満足によってではなく、
価値ある目標に忠実であることによって得られる。

――ヘレン・ケラー（教育者、社会福祉活動家）

チーム全体が質の高い仕事を目指すために、リーダーは何をすべきでしょうか。
私は、メンバーの自己重要感を上げることと、メンバーの仕事に対する視点の基準を高めることだと考えています。

（第1段階）メンバーに、自身が期待されている存在であると認識してもらうことが大事です。そして、メンバー自身の自己重要感が高い状態を目指します。

それにはリーダーであるあなたが、メンバーに対して普段から○○さんはチームにいて欲しい人材であること、いつも役に立ってもらっていることなどを伝えるのです。思っているだけでは伝わりません。きちんと言葉と表情で心こめて伝えます。忙しいときほど手を止めて、メンバーに伝えましょう。
これはメンバーに対して「自信」の種をまいていることにほかなりません。
簡単に言えば、「自分は大したもんだ」と感じている状態作りです。

（第2段階）メンバーに自分目線ではなく、顧客の身になって考えてもらうことを徹底的に意識してもらいます。

具体的には、「お客様がメンバーに対して、あるいは弊社に対して期待していることは何か」ということを考えさせ、考えられるだけのことを書き出してもらいます。

さらに、出てきた回答ついて、チーム内で意見交換をします。こうすることで、自分や会社や部署都合で、顧客に押しつけていないかをふり返ることにもなります。

これだけで、仕事に対するスタンスが変わる若いメンバーも多いでしょう。

（第3段階）今やっている仕事に他との差別化を生む付加価値をつけるにはどうしたらいいかを一緒に考えます。２つの質問を投げかけてください。

①『私たちが目指すのは相手の期待に応えるだけの仕事か。それとも相手の期待を超えて感動してもらえる仕事か』

普段からリーダーの声かけが十分されており、自らの承認欲求が満たされていれば、自分の価値を高いレベルで発揮したいという気持ちが強くなっているはずです。きっと「お客様に感動してもらいたい。それによって誇りが持てる仕事がしたい」と答えてくれます。

スタッフ部門も同じです。自分の仕事は誰に貢献しているのかを考えます。その「誰」

がスタッフ部門のお客様です。そしてそれは社内の他部門でしょう。その他部門のお客様を感動させる仕事がしたいという意識づけをします。

そこで2番目の質問です。

②『私たちが目指したいのは、顧客の期待を超える仕事である。どうしたらそれができるだろうか』この問いかけをことあるごとにメンバーにするのです。

リーダーは絶えず、ぶれずに常に相手の期待を超える「基準」をメンバーに提示し続けてください。そして実行を求め続けてください。

これはメンバーの仕事への満足度を究極に上げる方法でもあります。

つまり、自分すら満足していない仕事→自分が満足しているレベルの仕事→お客様からOKをもらえる仕事→お客様が感動する仕事→自分が誇りを持てる仕事、と自らの目指すべき業務レベルを上げることを求めるのです。

リーダーはメンバーに寄り添ってサポートしていきながら、高い基準をぶらさずに理想のチームを作っていきましょう。

第6章
メンバーを一人前に育てる

37 メンバー育成をやりがいとする

指導者にとっての本当の楽しみは、
自分が教えた選手の成長するプロセスを
見守ることではないか。

――落合博満（中日ドラゴンズゼネラルマネジャー）

多くのリーダーは、現場の仕事で実績を上げてリーダーになった方が多いはずです。そのあなたが背中を見せて、メンバーの手本となることは、とても重要です。

でも、それは当たり前のことだと思ってください。

そして、それだけでは正直不十分です。

チームを率いるリーダーとして、今後はメンバーの個々の成長をさせるべく育成をすることを強く意識していかねばなりません。

一人ひとりの能力が上がれば、チームとしての成果も当然、より上がりやすくなるわけです。


リーダーであるあなたが目指す一つの形としてイメージしていただきたいのは、あなたというリーダーがチームにいない状態です。

つまり、あなたがいなくてもチームの業務が十分に回っている状態です。

極端な話、リーダーであるあなたは、いつまでもリーダーとしてそのチームにいられては困るわけです。

あなたは次のリーダーを育成して、さらに上のマネジメントを目指すことがチームやメンバーのためにもなるのです。

今までよりも、時間的な尺度を長く、先の将来も見据えた視点を持っていくことが大事です。そして、現在からの積み上げの発想だけではなく、未来から見た発想もするようにしていきましょう。


あなたには、ぜひ、チームの1年後、3年後を考えて欲しいのです。そして、そのためには今、目の前にいるメンバーの一人ひとりにどうなっていて欲しいでしょうか。

まずは誰か一人でもけっこうですから、成長のシミュレーションをしてみてください。

同様に次期リーダー候補についても、あなたが担当している仕事を代わりにできるように育成してみてください。最初からすべてをやらせることができなくてもけっこうです。

少しずつ分割して、徐々にでも移譲できるように全力で育ててみましょう。

まず、「育てる」ということを「決断」してください。この「決断」がすべてだと思います。

そして育成することのすばらしさや喜びを知り、育成するのが大好きなリーダーになってください。「好きこそものの上手なれ」です。

先日、ある介護関係の企業で研修したおりに、マネージャーさんから聞いた話です。

その方の下には、ハンディキャップを持った新入社員が配属されたそうです。

「仕事も覚えられず、挨拶すらできない新人を預けられて、最初は不満でした。それでも繰り返し指導し続けた結果、ある日を境に挨拶ができるようになりました。仕事も同じ間違いばかりしていたのが、ミスなくできるようになったのです。

彼の出身の養護施設の先生や親御さんからも、最近の彼の表情が明るくなって会社に行くのが楽しそうだとお礼を言われました。

自分でもどうにかなると思ったわけじゃないし、ただ黙々と教え続けただけだったけど、初めて人を育てることに興味が湧きました」

私もメンバーが成長していく姿を数多く見てきました。大袈裟かもしれませんが、そのたびに人間というのはすばらしいと驚かされることが多かったです。**こちらが思った以上の仕事ぶりを見せられるのは、とても大きな喜びです。**

リーダーであるあなたには、ぜひ育成大好き人間になって欲しいと思います。

38 リーダーは報酬と心得る

仕事の報酬は仕事である。

——藤原銀次郎（王子製紙初代社長）

「営業目標はそのままで、その上リーダー職務だなんて、正直無理です。今までだって、目一杯頑張って数字を作るのにやっとなんです」

「毎日、自分の業務だけで精一杯です。その上、リーダーなんて私にはできません」

そういう気持ちになったことがある人もいるのではないでしょうか。

これはさまざまな企業のリーダー研修の中で、本音としてよく聞かれる発言でもあります。

しかし、現場で頑張って成果を上げてきたあなただからこそ、上司も会社も次のステップとしてリーダーを任せたいのです。あなただからできるという期待があるからこそ、任せているのです。

「仕事の報酬は仕事」

今まで頑張ってきたご褒美と受けとりませんか。

そして、**今までの業務はそのままに、リーダー職の仕事がただ上乗せされると考えることはやめにしましょう。**

何かを入れるには、空き地を作る発想をするべきです。

まずは効率化です。

今までも、当然効率化を考えてとり組んできているはずですね。でも、今までは自分が頑張ればなんとかやり切れる、という発想の中での効率化です。今までより時間もエネルギーも何割か減らさなければいけない、という視点からもう一度検討してみてください。

一人で悶々としていては何も変えられませんので、上司や同僚と一緒になって真剣に検討してみましょう。

さらに、今までのリーダー経験者にも相談するべきです。もちろん、しっかりリーダーとして活躍していたとあなたが思う人にです。

次にリーダーというやり甲斐のある役割を遂行するために、捨てる仕事を決めます。その業務自体は本当に必要なのか、今までずっとやってきたからという理由ではなく、今、そして将来を鑑みて本当に必要なのかをこの機会にしっかり精査しください。

さらに、必要な業務の中で、本当に自分がやるべき業務なのかを見極めます。**もし自分にしかできない業務などというものがあるのなら、根本的に仕事のやり方を見直す必要があります。**

そして、メンバーに「預ける」業務を選びましょう。

今まで、自分が行ってきた業務を担当してもらうのです。メンバーにとっても、今までの業務とは異なる内容の業務が任されることになります。

ただ、自分の仕事をメンバーに振るという観点ではなく、メンバーの強みや得意分野を活かす視点、あるいは得意ではないが、どうしてもここはしっかり身につけておいて欲しいという今後の成長のための視点で、誰にどう「預ける」のかを選定します。

「振る」のではなく、「預ける」のです。

リーダーに成り立ての頃に仕事をメンバーに「任せる」と、多くの人が実質的に投げっぱなしになります。ですから、進捗確認などの管理業務に慣れるまでは、あえて「預ける」という感覚でいましょう。

メンバーに依頼する際には、必ずその業務の内容だけではなく、その仕事の意義や目的を伝え、やりがいを持てるよう、なぜ君にやらせたいのかもしっかり伝えてください。

メンバーにも「仕事の報酬は仕事である」ことを伝え、仕事を預けるのです。

仕事は、その「価値」とともに預けることが大切です。

39 メンバーに任せる

リーダーになる前は、
成功とはすべて自分自身の成長を指している。
だがリーダーになれば、
成功とは他の人の成長を意味する。

――ジャック・ウェルチ（ゼネラル・エレクトリック社CEO）

あなたは、メンバーに仕事を任せていますか。
そして、任せるときにどんなことを注意していますか。
第一に意識していただきたいのは、「任せる」は「投げる」とは違うということです。投げるはつまり、ほったらかしということです。それゆえリーダーに成り立ての頃は、「預ける」感覚でいることを前項でオススメしました。

あえて責任という言葉を使いますが、任された業務において、メンバーには「遂行責任」がありますが、リーダーには「管理責任」があります。そして「管理責任」には、「遂行責任」と「結果責任」が含まれています。

「リーダーの本質とは、最終責任は自分にあるという覚悟である」と、かのドラッカーも言っています。

任せた業務に対する報連相は、メンバーに求める必要があります。
メンバーの中には、「任せる＝報連相の必要がない」と誤解しているケースが多いものです。従って**リーダーは、チーム全体に対して、あらゆる業務に報連相が必要でない業務**

などないことをあらかじめ伝えておきましょう。

そしてリーダーは、メンバーからの報連相をもとにメンバーが遂行責任を果たせるようにサポートをするのです。

サポートの仕方ですが、リーダーは結果責任を負っていますから、メンバーが結果を出せるようにすることが最重要課題です。さらに、その仕事を通してメンバーの育成を果たすことも、同じくらい重要な課題であります。

ですから、メンバーが任された業務に手をこまねいているのを見ても、最後までやり遂げさせる覚悟を持ってください。

メンバーにとって最後までやり遂げることが大きな経験となり、成長につながります。メンバーは仕事をやり遂げた達成感と共に、心配ながらも最後まで自分を信頼し任せてくれたリーダーに対して感謝の念を持ってくれるものです。

さて、難しいのが、メンバーをどこまでサポートするのがいいかということです。基本的に次の２つの判断軸から考えてください。

①業務の進捗度合い、つまり納期までに完了することができるかどうか

②メンバーに今ここでどういう体験をさせたいか

例えば「どうしたらいいでしょうか？」となんでもすぐ答えを求めにくるメンバーであれば、進捗状況から見て時間の猶予があることを見越して「君はどうしたらいいと思う？もう一度考えて今日の16時までに教えてくれる？」と投げ返すことも必要でしょう。

持ち込まれた相談に全部その場で一緒に考える時間がないときもあります。まず考えさせるという教育的観点とともに、急がない場合は時間稼ぎにもなります。もう一度考えさせたら、自分なりに案を考えてきて解決できるケースも多いものです。

新人の相談で多いのは、「どんどん他の先輩メンバーから仕事が振られてくるが、断れないで仕事がたまってしまう」「優先順位もうまくつけられないため、納期に間に合いそうもない」というものです。

こういうケースはメンバーのレベルを見て、交通整理まで口を出すとか、優先順位についてアドバイスするなど、報連相を待たずにこちらから状況を聞きとりに行く姿勢も必要です。その上で任せるタイミングにも気をつけましょう。

40 忘れずにフィードバックする

自分が何も理解してないことを、
理解し始めたときから、
人の成長は始まるのです。

——ダライ・ラマ14世（チベット仏教の指導者）

メンバーやチーム全体を成長させるためには、周りからのフィードバックが必要不可欠です。

業務を遂行しても、上司や周りから何のフィードバックもなければ、メンバーは自分の仕事はとるに足らないつまらないものだと思ってしまうでしょう。

なぜ、フィードバックが必要なのでしょうか。

ゴルフやスキー、野球でもいいのですが、上達するコツは自分のフォームを客観的にチェックすることです。つまりビデオカメラや鏡でチェックをすると、上達が速いのです。

それと同じようにフィードバックは、**第三者の目を通して、自分ではわからない自分を客観的に捉える効果があるのです。**

なかなか自分ではどう見えているのかわからないことが、フィードバックによって明らかになります。自分の「つもり」と、周りから映っている「現実」のギャップを知ることができ、今後の改善や成長に役立てられます。

さて、フィードバックで伝える内容ですが、いくつかの留意点があります。

それは、

Situation＝どんな状況下でのことなのか
Action＝どの行動についてなのか
Impact＝それがどんな影響を与えたのか
Demand＝今後始めて欲しいこと、やめて欲しいこと、続けて欲しいこと

この４つを具体的に伝えることです。

そして、いいことも悪いことも事実に基づいて伝えてください。

さらに、メンバーに成長して欲しいという願いを持ちながら伝えることも大切です。その願う気持ちが本人に伝わります。

なお、あくまでも行動について言及するのであって、性格や態度などの人格については触れないことが大事です。

かのドラッカーも「フィードバックが凡人を一流にする」と言っていますし、西洋のこ

とわざにも「人があやしてくれるときに笑いなさい。でないと、やがて人はあやしてくれなくなりますよ」という言葉があります。

メンバーには日ごろからフィードバックをもらうことが成長するためには大切だということを、そしてそのためにも常にフィードバックをもらいやすい人間でいることを、教えてあげてください。

さらに、リーダーは、日常の声かけがフィードバックでもあるのだと心してください。

「おはよう、昨日の資料のグラフが端的でわかりやすいと評判だったよ。ありがとう。これからも頼りにしているよ」

「君が休んでいる間、正直困ったよ。今日からまた頼むぞ」

このように**声かけすることは、メンバーにフィードバックしていることにほかなりません。**

そして最低でも週に1回は一人ひとりと10～20分面談して、メンバーの自尊心や自信に肥料をやりつつ、改善行動もすり合わせてください。

もちろんリーダーのあなたも、メンバーからフィードバックをもらいましょう。

41 メンバーにあえて失敗させる

とにかく、考えてみることである。
工夫してみることである。
そして、やってみることである。
失敗すればやり直せばいい。

——松下幸之助（パナソニック創業者）

リーダーは、メンバーに自分のチームで失敗して欲しくありません。しかし、メンバーの育成を考えるならば、あえて口を出さず失敗させることも、ときには必要です。誤解しては困りますが、わざと失敗させるのではありません。メンバーの成長に役立つ「失敗する権利」を奪うなということです。

メンバーが困っていることをなんでもリーダーが肩代わりすると、メンバーが考え、悩み、乗り越える機会を奪ってしまいます。

気を抜いたり、手を抜いたりすることから起こるミスは論外ですが、前向きにチャレンジをしているのであれば、当然うまくいかないこともあります。高い目標や新しいことにチャレンジをすれば、必ず間違いを犯します。

あなたも失敗から多くのことを学んで成長してきたのではありませんか。

大切なことは失敗から学び、同じ間違いが二度と起こらないようにすることです。これこそがメンバーの成長の機会となります。

メンバーが失敗したときの問いかけ方は、「その経験からの学びはなんだろう？」です。さらに「他のみんなはどうだろうか？」と必ずチームで共有する場を作りましょう。学びをチーム全体に浸透することが必要です。

これは皆の前で叱ることとは違います。叱ることがあるのならば、本人だけのときにします。

経営の神様と言われた松下幸之助はこう言っています。

『メンバーの失敗は、ただ叱ればいいというものではない。失敗を自覚しているときには、慰めもまた必要です』と。私も同感です。心理学者のケリー・マクゴニガル博士によれば、すでに自己批判している人を叱責すると、「どうにでもなれ効果」が発動し、さらに失敗を繰り返そうとするそうです。そのときに慰められ罪悪感が薄れた人は、逆に気をとり直して頑張るのだそうです。


「山田くんが今回チャレンジして、結果的に不具合がありました。しかしこれは我々を代表して失敗をしてくれたとも言えます。ここには今まで気づかなかったことや、放置していた課題があるかもしれません。ここから学ぶべきことがあるはずです。そのために、あえてとりあげています。生きた事例として共有し検討しましょう」と、あくまでも考え学ぶ材料として、ミスが起きた背景や今後の対策、災い転じて福となす方法がないかを議題としてとりあげるのです。

常日頃から、失敗やトラブルなどは、「教訓とし、全員で改善する機会」という姿勢をブレることなく言い続けましょう。これが定着すると、全員が他のメンバーの業務に関心を示すようになります。また、自分だったらどうするかという当事者意識の芽が生まれ育ちます。さらに、手抜きや気を抜いたミスにも気をつけるようになるのです。

メンバーを育てたければ、経験を積ませましょう。成功体験も大切ですし、失敗も大切な経験です。話を聞くよりも実際の経験が将来への成長になります。

このときにリーダーが、「私が責任をとるからやってみなさい」と言えるかどうかです。リーダーのこの一言、この姿勢が、メンバーの背中を押すのです。

そして大切なことがもう一つ、それは成功要因の分析です。

失敗やミスだけではなく、なぜうまくいったのか、なぜ成功したのか、この要因こそ明確に分析し、全員に共有することが大切なのです。なぜなら、それが会社やチームの強みであり、顧客から支持を得て、売上や利益を生み出しているからです。

リーダーは、メンバーの成長の機会を貪欲に作りましょう。

42
メンバーからメンバーへ教えさせる

人は教えることによって、もっともよく学ぶ。

——セネカ（ローマ帝国の政治家、哲学者、詩人）

「鈴木さん、今回の議事録がすごくよくまとまっていてわかりやすいね。ありがとう。今度、新人たちに鈴木さんの議事録の作り方を教えてあげて欲しい」

「西田さん、最近営業の契約率がグーンと上がってきているね。ぜひ他のメンバーに向けてロールプレイングして教えてあげてくれないか」

このようにしてリーダーは、メンバーが他のメンバーに教える機会を積極的に作りましょう。

人が大きく成長するには、自分の経験や学びを他人に教えるという方法があります。**人に教えることで、「自分が理解している点」と「理解していたつもりだったけど、まだまだ理解が浅かった点」がよくわかるのです。**

他人に何かを教えなければならないとき、人は誰でもそれ相応の準備をしようとします。そのときに自分に対して、「教える立場」という今までより少し高い視点でのチェックが自動的に入るのです。そうすることで、より深いレベルでの理解度が、客観的に自分で整理できます。言い換えれば、本当の自分の現在位置がわかるのです。

自らそこに気づくことによって、自主的にさらに学ぼうという動機づけになります。

当然、他人がわかるように説明するのですから、いい加減な理解ではできません。誰かから言われなくても、しっかり調べようとするでしょう。

また、**人に教えることは、「誇らしさ」や「自信」につながります。**

「教える側」という立ち位置によって、自己承認の気持ちが芽生えます。さらに、メンバーの成長に貢献するという経験は、チームビルディング上でも大きなプラスになるでしょう。

そして、冒頭の会話文でもわかるように、リーダーが他のメンバーに教えるようにお願いするには、その人の長所や仕事を認め、褒めなくてはなりません。これが相手の自尊心をくすぐる結果となります。

さらに、「このリーダーは自分の成長を見てくれていて、本当に信頼してくれているんだ」と**リーダーに対する信頼感にもつながります。**

外部の研修やセミナーに参加したときは、必ず社内で勉強会をするようにしましょう。

「報告会」ではなく「勉強会」にするのがコツです。

「報告会」だけだと、ただ自分が学ぶという目的でセミナーへ行くことになります。すると、セミナーで話された内容をただノートに書いてくるという参加姿勢になってしまいます。

しかし、「勉強会」を行うとなると、社内で講師役をやることになります。当然質問をされれば、答えなければいけません。セミナーへの参加態度は、自分がこれを教えるとしたらどうするか、という視点になります。

自分が参加者として、座っているのと、次はこれを自分が同じように教えなければいけないと思って参加するのでは、真剣度合いも気づきもまったく変わります。

会社へ戻って勉強会をやったときに、うまくできなくても構いません。その結果がフィードバックになります。リーダーからは、「ここが勉強になったよ」といいところだけ伝えれば十分です。

足りないところは自分が一番わかっています。自分が悔しい思いや、意識が足りなかったところに気づけば、大きな成長の機会になります。

リーダーは、特に育てたいメンバーに教える機会を与えましょう。

43 フォロワーを作る

私は謀《ぼう》を巡らすことは張良《ちょうりょう》にかなわない。
国を治め、兵糧を供給することは蕭何《しょうか》に及ばない。
百万の兵を率い勝利をおさめることは韓信《かんしん》に劣る。
私はこの三人に能力を発揮してもらい、よく働いてもらった。
これこそが私が項羽《こうう》に勝ち、天下をとった所以《ゆえん》である。

――劉邦（前漢初代皇帝）

リーダーになったら、まずフォロワーを作りましょう。リーダー補佐としてあなたをサポートしてくれるメンバーのことです。次のリーダー候補育成という目的もあります。

リーダーになったばかりの人からは、「次のリーダー育成を考えるのは早急では」という声が聞こえてきそうですが、あなたがリーダーとして苦心する様子を近いところで疑似体験することは、将来、リーダーになる人にはとてもいい経験になります。

そして、最初から、全部近くで見せましょう。

あなたがいかにして、名実ともに立派なリーダーになっていくのかをメンバーからの視点と、リーダーを補佐する立場からの視点で見させるのです。そうすることで、その人にとっても、自分自身を客観視する訓練になります。

3年後、5年後、10年後もあなたが今のままリーダーとしてそのチームにいますか。いざあなたが次の役割に行くタイミングで、今行っている業務や役割を代わりにやれる人が育成されていなければ、あなたがそのまま続ける可能性も高くなってしまいます。

これからは当然のように育成能力も評価されるでしょう。つまりは、**将来あなたが担っている役割の人を育成することが、あなたのステップアップをあと押しするのです。**

起きうる未来に向けての準備という意味でも、フォロワー育成をしておくべきです。

現在のことを考えると、リーダーになっても、今までの業務もそのまま遂行していることも多いでしょう。その上で、リーダーとしてしっかりやっていこうとするならば、やはりサポートしてくれる方を作っておくべきです。

リーダーですから、メンバー全員とコミュニケーションをしっかりとることは重要ですが、**特にフォロワーとは、じっくり話す機会を多くとりましょう。**

リーダーとしてこのチームをどう進める方針なのか、自分の考えを誰よりもこのフォロワーに伝えましょう。その上で、フォロワーの意見や考えもじっくり聴くのです。

実はここでの意見交換が、メンバーとのコミュニケーションのトレーニングになるのです。たった一人ともうまく共感できなかったり、信頼関係を築けなかったりするのなら、複数のメンバーとの良好な関係作りは難しいでしょう。

このフォロワーとは一心同体になるくらいの気持ちで、腹を割ってチームの在り方や仕事の進め方、自分がどういう人間かも含めて共有してください。

ただし、あくまでもチームをいかにいい方向に進め、結果を出すかというゴールは見失わないでください。いくら親しくなっても、馴れ合いや甘えは禁物です。慣れてくると、どうしてもわがままが出るものです。

あなたが自分の主張ばかりを押しつけ、フォロワーなのだからあなたに従い、フォローされるのが当たり前という気持ちになっていたとしたら要注意です。そのときはフォロワーの心が離れているかもしれません。もしかすると、最大のアンチになってしまう可能性もあります。

常にフォロワーはあなたの鏡としての存在だということを忘れないことです。あなたはリーダーとしての立場を忘れずに、フォロワーと目的やゴールを共有し、そこに行く道のりについていて、フォロワーの意見も十分傾聴しなければなりません。

その上で、能力を発揮してもらい、あなたの決断を共有していくならば、優れたフォロワーとしてあなたの手が届かないところをサポートしてくれることでしょう。

さらに、他のメンバーとのコミュニケーションも良好なものになるはずです。

第7章
リーダーは孤独である

44 批判を歓迎する

人の話を聞く耳を持つことは大事です。
もし身の上相談を受けたら、
一生懸命聞いてあげればいいのです。
答えはいりません。
ただ聞いてあげればいいのです。

——瀬戸内寂聴（小説家、天台宗の尼僧）

あなたはメンバーから不満を聞かされることがありますか？　そのときはどんな気持ちですか？

会社への不満、上司への不満、もしかするとあなたへの不満、あるいは家族への不満など、人にはそれぞれいろいろなことでの不平不満があるものです。決してポジティブな内容ではないし、積極的に聞きたい内容でもないことが多いでしょう。

不平不満を言ってくる人は、面倒くさいという印象で捉えられがちでもあります。

でも、「問題意識が高いからこそ不満として感じてしまう」と捉えるならば、あなたが聞くときの気持ちも変わりませんか。

リーダーとして現場との信頼関係を築く上でも、メンバーから不平不満・不安・不便についての話が出たときは、積極的にしっかりと聞きましょう。

あなたが知らなかったり気がついていない課題や問題を、そこではじめて知ることになるかもしれません。将来大きな問題になるかもしれないことが、まだ小さい芽のうちに発見できる機会になることもあります。

少なくとも、そのメンバーの心に何かがのしかかっているならば、それを軽くしてあげたり、とり除いてやることはリーダーとしての役割ではありませんか。

不平不満を聞くことは、情報収集の大切な機会なのです。

もしその過程で、本当に改善すべき課題があるのなら、

「ぜひ、それについてはとり組みを考えてみたいので、提案して欲しい」

と依頼します。**提案が出てきたら多少心許ないところがあったとしても、やらせてみることです。**それが積み重なれば、チーム内に積極的に提案をする気運が広がっていくからです。

提案しても回答までに時間がかかったり、挙句に何の返答もなかったりする職場では、提案する人はいなくなるものです。馬鹿らしいですから。社内に提案ボックスを設置してもうまくいかないケースは、ほとんどがそのあとの対応が悪いことが原因です。

話の中にはリーダーであるあなたに言われても、どうしようもないこともあります。例えば、給与や待遇に対して不満を言われても困るというのが正直なところでしょう。

そのようなときには、話の内容に同意する必要はありません。ただオウム返しをしてじっ

くり聞いてあげてください。「木下君は、給与が少ないのが不満なんだね」と、あくまでも相手の気持ちを繰り返すのです。

下手に「そうだよなぁ。うちは給料安いもんな」などと同意してしまうと、何かの折に「リーダーもそう言ってましたよ」などと言われて、矢面に立たされてしまいます。気をつけましょう。

また、あなたに対する不満だったとしても、深刻にとりすぎたり必要以上に気にする必要はありません。あなたへのフィードバックだと受けとり、もし自らに誤りがあるならば、すぐに認めることが大事です。**必要があれば潔く改善するという姿勢が、メンバーにあなたへ対する尊敬の気持ちを生むのです。**

逆にリーダーの立場とか体裁を理由に言い訳したり、自らの正当性を押し通したりすれば、尊敬どころか軽蔑されることになります。

不平不満をむしろ歓迎できるリーダーになりましょう。

45 自分を柔軟に変える

己を尽くして人を咎《とが》めず。
我が誠の足らざるを常にたずぬるべし。

――西郷隆盛（薩摩藩士）

リーダーってどんなイメージですかと質問されたら、ほとんどの方が、メンバーの先頭に立ってぐいぐい引っ張っていく姿を想像しますよね。これはもちろん間違っていませんし、まさに理想的なリーダー像でもあります。

しかし、そのイメージが強すぎると、リーダーになったときに苦労します。

「メンバーをなんとかする」「チームをなんとかする」という思いばかりが先走ってしまうのです。そして「なんとかする」は、いつの間にか「変える」になっていきます。

自分が思った通りの成果に結びつかないときに、「チームやメンバーを変える」ことばかり考えるようになるのです。

・自分の思うように動かないこのチームを変える
・自分の与えた役割を果たせないメンバーをひたすら責める
・メンバーの意思など関係なく、自分が考える理想の型にきっちりはめ込めようとする

リーダー像を強くイメージするばかりに、このような恐怖政治を敷いてしまう方が本当に多いのです。

実際、私も同じような思いが非常に強い時期がありました。

メンバーやチームをなんとかするという強い意志のもとに、「変える」ことに専念していたのです。

当時の私から出ていたのは、メンバーに対する批判や高圧的な態度。やれやれと首を振りながら、あきらめの表情をあからさまにメンバーに示したりしていました。

当然、メンバーは萎縮し、チームワークもバラバラです。

あの頃、トイレや居酒屋で、私に対する不満や怒りをぶちまけていたとあとで聞きました。本当に申し訳なかったと思います。

このように意識のベクトル（方向やエネルギー）がメンバーやチームばかりに向いてしまうと、空回りしてしまいます。

チーム運営がうまくいかないときは、相手を変えることばかりに意識を向けず、ふと立ち止まって、「自分が変わったほうがいいところもあるのではないだろうか」と内省することが必要なのです。

西郷隆盛でさえ、「我が誠の足らざるを常にたずぬるべし」（じぶんが足りないところを常にたずねよう）と言っているのです。

実は私が変わるきっかけになったのは、この言葉のおかげでした。

「尊敬する西郷も言っているのだから、自分も考え直さなきゃいけないのかもしれない」
「これだけうまくいかないということは、メンバーも未熟かもしれないが自分のリーダーシップも何かが間違っているのではないだろうか」
「そもそも、『こうあらねばならぬ』と引っ張っていこうとする先が間違っているのではないだろうか」
「メンバーの指導やチーム運営とともに、自らも柔軟にやり方、言い方、行動を変えてみよう」

このように考えて、メンバーやチームにだけではなく、自分にも意識のベクトルを向けることにしたのです。

外に向けた強いリーダーシップとともに、自分に対する意識のベクトルも柔軟に変換してください。

46 過去の成功体験に固執しない

年齢が、頑固にするのではない。
成功が、頑固にする。
そして、成功者であるがゆえの頑固者は、
状況が変革を必要とするようになっても、
成功によって得た自信が、
別の道を選ばせることを邪魔するのである。

――塩野七生（歴史作家）

リーダーとして、これから活躍しようとするとき、一番の障壁となるのが、過去に死に物狂いで勝ちとってきた「成功体験」です。

これは、ローマの時代から変わらない人間の本質のようです。

どうして、一番の拠《よ》り所であり武器になるべき成功体験が、リーダーにとって妨げになるのでしょう。

それは、思考が固定するからです。成功体験が強烈であればあるほど、それ以外の選択肢を排除しようとする力が働くのです。


かつて、私は恥ずかしながら、こんなことを繰り返していました。

メンバーの提案に対して、

「そうか。でもいいから今回は私の言った方法でやってくれるか」

と言い放ち、心のうちでは、

『俺の言う通りやれば一番効率的でもっとも成果が出るんだ。お前が考えるようなことは全部やってきているんだよ』

と思っていたのです。

このような対応をすると、２つの問題が出てきます。

第一の問題は、**公平でフラットな目で物事を判断できなくなる**ことです。

現在の状況に絡めて判断せずに、最初から「自分がやってきた方法のみが正しい」という結論ありきの思考に陥ってしまうのです。

これは、自分が今まで「実績」を作ってきたという思いがあるからです。

怖いのは、その思いが、判断の目を曇らせている可能性があるということです。

途中で、メンバーの意見具申にいいところがあると気づいても、容易にとり入れられなくなっていきます。意地が加わってきたりするともう最悪です。チームがチャレンジをすることまでも妨げていくのです。

もう一つの問題は、**メンバーが積極的に物事を考える機会を奪ってしまう**ことです。

現場を目の前にしているメンバーが、一所懸命なんとかしようと真剣に考えているのにリーダーが一切、聞く耳を持たなかったらどうなるでしょう。

リーダーに不満を持つのはもちろん、「どうせ考えても、リーダーに却下されて終わり、無駄だから」と、考えるのをやめてしまいます。

このように、だんだんと思考しないことが、軽い挫折感とともにじわじわと習慣化してしまいます。これでは、そのあとのメンバーの成長、ひいてはチームの成長を妨げます。

現在企業が求める人物像として、必ず挙げられるのは「自ら考えられる人」です。自ら考え、行動して、環境の変化、多様化した顧客のニーズに対応できる人材を熱望しているのです。

若いときから、物事を思考するからこそ「自ら考える」ようになるのです。リーダーによって考えることを拒絶され、否定され、あきらめざるを得なくなることが継続的に行われていたら、数年後には、完璧に「指示待ち人間」ができあがってしまいます。

現場で実績を残すことを求められるリーダーが、自ら行ってきたことに自信を持ち、それによってメンバーを引っ張っていくこと、それ自体は間違っていません。当然です。しかし、その隣には、常に「独善」の罠が口を開けていることを意識しましょう。

自分は今、真の眼を開けて判断しているだろうかと、自ら問いかける冷静さがリーダーには必要なのです。

47 厳しくあれ

好かれなくてもいいから、
信頼はされなければならない。
嫌われることを恐れている人に、
真のリーダーシップはとれない。

――野村克也（元プロ野球監督）

近頃、怖い上司という存在がいなくなったようです。

パワーハラスメントという言葉の影響でしょうか。

意味もなく怖いばかりでは困りますが、言うべきことも言わずにメンバーの人気とりみたいな感じでは、リーダーとしての職務を遂行できません。いいのか悪いのかどっちつかずの優柔不断な態度では、行動を正すことができないのです。

メンバーに真剣に向き合おうと思ったら、ときには厳しく接する場面も必要です。

怒鳴ることが厳しくすることではありません。大声を出してもいいですが、感情的な怒りを全面的に出すことは絶対にやめてください。私も経験がありますが、1回の感情的な怒りは、それまでに構築した関係を一気に破壊してしまいます。

大声だろうが、静かな態度だろうが、絶対にこれは譲れないという姿勢を見せることが厳しさなのです。

また、**メンバーに納得感を持たせることが必要です。**それでなければ、叱責する意味がありません。目的は行動を改めさせることなのですから。

そのためにも、**リーダーとして日ごろから絶対にゆずれない一線をメンバーに示してお**

く必要があります。リーダーであるあなたが大切にしている信念・価値基準をはっきりと全員に伝えた上で、絶対にぶらさないことをメンバーに示すのです。

例えば、ミスを隠したり嘘をつくことは絶対に許さない、自分勝手な手抜きは許さない、安全確認は最優先でせよ、などです。

そして、それに沿わない行動したメンバーは断固として厳しく叱るとともに、その理由をはっきりと改めて伝えます。そこは絶対にブレてはいけません。相手によって対応を変えてはならないのです。

また、**叱責するときはあくまでも、犯した行動についてのみに集中してください。**過去のことや普段の振る舞いなど、叱責行動とは関係のないことや人格批判と受けとられるようなことまで非難するのはご法度です。

関係のないことにまで触れられた反感の感情が壁になって、メンバーの聞き入れようという素直さが失われてしまいます。

契約書や報告書などの書類作成についても、チェックもせず誤字脱字などがあるまま提出してくるような手抜き仕事については、必ずＮＯをつきつけてください。

いい加減なものを通せば「その程度でいいのだ」とメンバーが自らの仕事のレベルを下げていきます。まあいいかといった気持ちからくる手抜き業務については、絶対に受け入れてはいけません。

そのことはリーダーに対する尊敬を失わせ、メンバー自体も将来困ることになるのです。また、リスク管理に関わることは、何度もしつこく指導をするようにしてください。本人が対策を打ち、改まるまでチェックをし、指導し続けるのです。その都度、それがどうして必要なのかといった理由も、真剣な眼差しで繰り返し伝えてください。

メンバーに厳しく指導することの背景には、必ずメンバーへの愛がなければなりません。

普段からの声かけがあり、励ましたり、褒めたり、感謝したりしていれば、たまの叱責が威力を増しますし、その意図もきちんと伝わるわけです。

そして他人に厳しくするからには、自分にも同じ目を向けることは言うまでもありません。

48 怒る前に10秒待つ

礼儀正しく決して腹を立てない人物は、
まさに大人物と呼ぶにふさわしい。

――キケロ（紀元前共和政ローマの政治家、哲学者）

リーダーを任されたということは、経験を積み、おそらく担当してきた業務に精通し、活躍もされてきたのでしょう。しかし、リーダーシップはまた別物です。改めて学び直すつもりで、とり組んでいただきたいのです。

リーダーシップは、人間であるメンバーとの関わりが重要な要素になります。まず心して欲しいのは、リーダーは「権威」ではなく「役割」と捉えることです。権威は、リーダーという名前（役職）にあるのではありません。あなたがこれから発揮するリーダーシップに、結果としてメンバーから権威がつけられるのです。

単純に言えば、「リーダー＝偉い」ではないのです。

当然**メンバーには一定の礼儀を持って接することです。**メンバーは決してリーダーの所有物でもなければ、道具でもありません。

あなたは、メンバー一人ひとりを自分と同じ人間として尊重できていますか？

メンバーに完璧を求めてはいけません。あなただって決して完璧ではないでしょう。

でも自分のメンバーに対しては、

「これくらい普通できるでしょう」
「何回言ったらできるようになるのか」
「これだけ説明しても通じないんだ」
などと、すぐにがっかりしていませんか。

これは、あなたが期待する枠にぴったりあてはまらなかっただけです。つまり幼い子どもが自分の思い通りにならないといって癇癪《かんしゃく》を起こし、おもちゃ箱をひっくり返すのと同じです。いい大人が、みっともないでしょう。

メンバーの数だけいろいろな人間がいるのです。すぐわかる人もいれば、まったく別の価値観を持っている人までいるのです。

それでも辛抱強く、できるまで、何度でも伝えるのがリーダーの務めです。

自分のメンバーにダメ出しをして不満を募らせるよりも、このメンバーたちの力を最大限引き出すことを考えるのです。

不満ばかりに焦点を当て続ければ、ストレスが積もり積もって最後は怒りが爆発してしまいます。この怒りのエネルギーはすべてを破壊します。メンバーの自尊心も、それまで培ったメンバーとの信頼関係も、いっぺんに吹き飛ばすことでしょう。

怒りの感情を生むなとは言えませんが、感情をその場で爆発させてはいけません。

もしあまりにカッとして怒鳴りたくなったときは、口をつぐんでください。まず、10秒間深呼吸をして冷静になるのを待ちましょう。なぜこんなに腹がたつのかを掘り下げてみましょう。おそらく、本当は期待していたからではないですか。

もし、それでも怒りの感情のまま言葉を発しそうなら、その場をすぐに離れましょう。

リーダーが我慢して、我慢してどうしても今回は我慢しきれずに怒鳴りだしたことなど、メンバーの知ったことではありません。ただ、あなたがヒステリーを起こして怒鳴り散らしたことのみを記憶し蔑《さげす》むことでしょう。

10秒間深呼吸をして気持ちが冷静になれたら、きちんと伝えるべきことを伝えましょう。気持ちが冷静な中で、どうしても伝えたいことは熱を込めればいいでしょう。でもそれは、自分の堪えきれない感情の吐き出しとは違います。**あくまでも相手の成長を考えての想いをそこに乗せる**のです。それが叱るということです。

それでも、ストレスを感じたら、一人カラオケで思う存分絶唱するのもお勧めですよ。

49 いつも笑顔でいる

リーダーの行為、態度、姿勢は、
それが善であれ悪であれ、
本人一人にとどまらず、
集団全体に野火のように拡散する。
集団、それはリーダーを映す鏡なのである。

――稲盛和夫（京セラ創業者）

あなたは、朝、鏡を見ますか。そして表情のチェックをしていますか。

リーダーはできるだけ笑顔でいるように心がけましょう。

今までそんなことを気にしたことがなかったら、今この瞬間から鏡を見るようにしてください。そして**笑顔の練習をしてください。**


ちなみにずいぶん前のことになりますが、こんなことがありました。

朝、私がその日の業務の優先順位を考えていたら、メンバーから「室井さん、朝から難しい顔をしないでください。モチベーションが下がります」と言われ、一瞬キョトンとしてしまったのです。

あなたにそんな気がまったくなくても、メンバーはリーダーに注目しています。そして少なからず影響を受けています。

あなたは自分にそんな影響力はないと思っていますか。そういう方には、この言葉を贈ります。

「自分の存在は小さすぎて影響力などあるわけがないと思う人は、蚊と一緒に寝てみたら?」

これは日本にも多くの店舗を持つザ・ボディショップの創業者アニータ・ロディックさんの言葉で、ザ・ボディショップの配送トラックにもこの文字が書かれています。

蚊ですら、寝床の横にいたら気になってしょうがないのに、あなたに影響力がないわけありません。

また、なかなか自分では気がつかないものですが、ため息や独り言には注意しましょう。貧乏ゆすりなんてもってのほかです。

そういえば、以前の研修の休み時間にこんな相談を受けました。

「上司の貧乏ゆすりに悩まされています。それが嫌で嫌でどうしたらいいでしょうか」

相談者は、それだけで出社するのが嫌になるそうです。

知らぬは本人ばかりなりですね。

リーダーとしてあなたが考えることは、メンバーの感情を大切にすることです。

メンバーの感情がプラスの方向に働き、チームの成果が良くなるための影響力をいかに発揮していくかを考えましょう。

あなたがリーダーとしての職責を全うするつもりであるならば、朝から笑顔でメンバーを迎えましょう。

あなたはメンバーが話しかけてきたとき、すぐに顔を上げて、「〇〇さん、何かな?」とニッコリと笑顔を向け、へそ、そして、つま先をメンバーに向けて話を聴けていますか。

とても忙しくて、それどころではないというときは、一度深呼吸するといいですよ。

それからニッコリとして

「〇〇さん、ごめん。今急ぎの仕事で慌ただしくて。急ぎかい」

急ぎでなさそうならば、

「では、何時に聞かせてもらうね。それで間に合う?」

それでも急ぎというなら、用件だけまず聞いて判断しましょう。

笑顔でいると心に余裕が出てきます。逆に笑顔でいるためには、余裕がなければなりません。そしてあなたの笑顔は、メンバーの心に余裕を作るでしょう。

これを機会に、素敵な笑顔を身につけるきっかけにしてくださいね。一生の財産です。

50 自らを大きくするチャンスとする

自ら機会を作り出し、機会によって自らを変えよ。

――江副浩正（リクルート創業者）

待ちに待ってリーダーになった人もいれば、特になりたいわけでもないがリーダーに任命されたという方もいらっしゃるでしょう。ただ現在のあなたは、紛れもなくリーダーです。せっかく与えられた機会ですので、これを絶好の機会として最大限活用しないともったいないです。

この機会はあなたにとって、ビジネスパーソンとしても人間としても大きく成長する絶好のチャンスだということは断言します。少なくとも私にとっては、成長の機会でした。

おそらく、あなたは、今まで見ずにきたもの、目を背けてきたことに、向き合わざるをえなくなっていることでしょう。

リーダーになると、メンバー時代とは違う視座を持つことが求められるからです。

メンバー時代は特に意識せず、自分の目の前の担当業務に専念して個人の成果を上げていればよかったはずです。しかし、チーム全体を率いる役割になれば、**メンバーを個別で見るという視座と、チームを俯瞰して見るという視座が必要になります。**

さらに、チーム視点で見ていればいいかと言えばそうではなく、さらに上の部門や会社の視座でも見ていなければ、上からの指示をメンバーにわかりやすく伝えることはできません。上司の言うことを理解するためには、自らも上司の立場になって考えねば到底理解できないからです。

リーダーが理解した内容の何割かの情報量しかメンバーには伝わらないものです。いかに正確に情報を伝えることが難しいかということにも直面するでしょう。私も、どうしたら伝えたいことが伝わるのか、なぜ伝わらないのかと、ずいぶん悩みました。でも同時に、柔軟に自分の視点を動かし、いろいろな角度から瞬時にものを考える機会でもありました。

自らの行動言動も、メンバーの視線に常にさらされています。あなたが想像するよりもはるかにあなたは見られています。

もちろん、メンバーにあたえる影響力も意識せねばなりません。

自分ができていないことを、メンバーにさせるなど論外です。

自分の机の上がぐちゃぐちゃであれば、メンバーに整理整頓などと言っても効果はありません。自分が遅刻していては、遅刻してきたメンバーに注意などできないわけです。

こういうときは、自分を律するチャンスです。本来できていなければいけないことで怠けていたことを、ここできちんと身につけるのです。

人の扱い方を学べることも大きな収穫でしょう。

メンバー全員が最高の状態で仕事に打ち込んでくれるわけではありません。リーダーが指示さえしたら、その通り動くわけでもありません。

人には感情があり、それを無視しては人を統率するなんてできないのです。相手の立場に立つことや、メンバーに対して思いやりの心を持たなければ、相手の心は開かないのです。

リーダーのあなたにお勧めしたいのは、多くの人間的成長が叶えられる環境の中で、どんどん自らチャレンジすることです。メンバーを巻き込み、その影響力を発揮しながら目指す成果を上げてください。その中で自らの成長に加え、チーム、メンバーの成長を感じることができるでしょう。

「自ら機会を作り出し、機会によって自らを変えよ」あなたにこの言葉を贈ります。

おわりに

本屋さんに行けば、たくさんの本が並んでいます。

リーダーやリーダーシップをテーマにした本も無数にあるでしょう。

ましてやネットショップで扱っている本の数たるや膨大です。

それらの中から、私の書いたこの本を選び出し、お読みいただき本当にありがとうございます。これはある意味、奇跡的なご縁と言えます。本当にありがたいことです。


今回は、自分自身がリーダーとしてまさに七転八倒して、学び、気づき、とり組んできたことを書かせていただきました。「メンバーに動いてもらうために、これが本当は大事なことだったのか」「こんなふうに考え行動すれば、思い描いた通り、否、思い描いていた以上にメンバーが自ら嬉々として動いてくれるのか」「こうすればメンバーの力を引き出すことができるのか」など、多くの失敗や成功から得たことをまとめました。

もちろん、まだまだ完成などではありません。私は今もそして、これからも一生学びの進行形です。

この本では、あなたにより深い理解とイメージを豊かに受けとってもらえることを意図して、古今東西の経営者や歴史上の人物、著名人の言葉を各項のはじめに載せました。

それは私自身が人生のことあるごとに、「言葉」の力によって勇気づけられ、背中を押されてきたという思いがあるからです。ましてや、時代を超えて語り継がれてきた「名言」にはやはりすごい叡智が込められているものです。言葉が本質を捉えているがゆえに、私たちのところまで届いたのです。今回は、その力をお借りしました。

是非、じっくりと何度も声に出して読んでみてください。身体に沁み渡るようにイメージが拡がり、さらに気づきが湧いてくるでしょう。名言にはそういう力があります。

名言は言葉だけでなく、その人物の人生のイメージまでが身体に入ってくるような気がするから不思議なものです。

ここで、論語の一節を一つご紹介させてください。

『子曰、視其所以、観其所由、察其所安、人焉廋哉。人焉廋哉。』

孔子先生曰く、人を見抜くには、容貌や言語に惑わされず、
一、その人物の日頃の行ないをよく視ること
二、その行いの拠り所となる原因や動機を観察すること
三、どんな物や事に安らぎを求めているか（安らぎ満足しているか）を観察すること
この3つを行えば、すっかりすべてわかってしまうのだという意味です。

本書の中でも、メンバーのことを理解するために、観察することの重要性を何度も述べました。人を導くには、まず導く相手のことを知らなければなりません。その上で、相手にあった導き方を模索することです。

まず、メンバーにとって安心安全を与え、希望や意欲を感じさせることに意識を向けましょう。そして、同じ方向を一緒に見てみましょう。スタートはそこからです。

それにしても、紀元前から人間の本質は変わっていないのですね。

まさにリーダーとしての学びは人間を学ぶということなのです。

言葉が生きざまにまで大きな影響を与える例として、本文でも使わせていただいた一文があります。

『自ら機会を作り出し、機会によって自らを変えよ』

この一文は私が働いていたリクルートの社是でした。多くのリクルートの卒業生がそうであるように、私も独立してから、（むしろ独立したあとのほうが強くなっていますが）常にこの言葉と共にあり、自らの人生の指針になってきました。

今更なのですが、私が2年ほど前から毎週配信しているインターネット番組【一生成長TV】を始めた動機にも、この言葉が強く影響していることに気づきました。

もう無意識の領域ですね。（ちなみに、【一生成長TV】は、私が2014年7月より、毎週素敵なゲストをお招きして、ゲストの人生から学ばせていただく番組です。是非「一生成長TV」で検索してご覧ください）

ちょうど先日、「志師塾」を主宰する五十嵐和也氏に紹介された映像が本書にとってタイムリーだったので、ご紹介します。それはアメリカのプレゼンテーション番組『TED』で、サイモン・シネック氏が「優れたリーダーはどうやって行動を促すか」というテーマで講演している映像です。

その中で氏は、アップル社やキング牧師、ライト兄弟を例に挙げ、

「人を動かす偉大な人や組織には一つのパターンがある。彼らは、考え、行動し、伝えるときに必ず、『Why（なぜ＝目的）→How（どうやって）→What（何を）』の順に進めている。

人は『何を』ではなく『なぜ（＝目的）』に動かされる。そして『なぜ』から始める人が周りの人を動かし、さらに周りを動かす人を見出せる力を持つのです」

と言っています。

本文でも述べましたが、人は上位の目的や意義に心を動かされ行動に移すのです。だからこそ、「なぜ＝目的」を最初に示すことがリーダーの役割なのです。

リーダーとは、「目的を示し、メンバーを巻き込み、影響を与えながら、その実現に導く人」と「はじめに」で定義しましたが、再度、思い出していただければ幸いです。

多くの方とのご縁や心遣い、言葉などに生かしていただいているおかげさまの人生であることを日々痛感する毎日です。今回もこの本を完成させるまでには多くの方のお力添えがありました。

執筆になると放浪癖のある私の執筆場所として、今回は勉強カフェ溝の口スタジオさん、桜新町のＮＥＷＯＬＤさん、815Coffee Standさん、コメダ珈琲三軒茶屋店さんには、長時間滞在しました。おかげさまで無事完成いたしました。ありがとうございます。

そして、明日香出版社の久松さんには毎度のことながら、今回も大変お世話になりました。マッカイ瑞穂さんには執筆に向かう背中を押していただき感謝申し上げます。

そう言えば両親、特に母には、幼い頃から「鶏口となるも牛後となるなかれ」という言葉をよく聞かされました。おかげさまで鶏口になっています（笑）。松下幸之助さんの創業のお話もよくしてくれましたね。そちらはこれからです。まだまだ頑張りますよ。二人とも健在でいつも応援してくれてありがとうございます。

いつかこの本が娘の実奈の役に立つと嬉しいです。君の幸せをいつも祈っているよ。

そして、正真正銘、この本を書きあげられたのは妻のおかげです。本当に励ましてもらいました。ありがとう。

そして、拙著をお読みいただいたあなたに、本当にありがとうございます。

リーダーのあなたと、あなたの周りの方々の幸せから笑顔が世界中に拡がっていきますように。

２０１６年10月吉日　室井 俊男

ダウンロードサービスについて

本書をご購入頂いたあなたには、「長所プロデュースのためのマトリクス」をダウンロード提供いたします。

本書の内容と連動したワークシートになります。こちらのダウンロードページより入手してください。本ワークシートを、是非あなたのリーダーシップにご活用ください。

（アドレス入力のミスが多いので、ご注意ください）

https://www.priming.co.jp/present1/

ダウンロードサービスの内容が予告なく変更・終了となる場合がありますのでご了承ください。

※また、室井俊男のメルマガ『一生成長通信』のご登録はこちらでできます。

https://www.priming.co.jp/melmaga1/

■著者略歴
室井　俊男（むろい　としお）
有限会社プライミング代表取締役社長
1961年東京都生まれ。㈱リクルートにて、9年間主に新卒向け採用広告事業に携わる。その後、コンサルティング会社に転職。営業本部長、常務取締役、代表取締役社長を歴任。300社以上の不動産業・建設業などに対する営業戦略指導、差別化商品指導を行う。
1999年有限会社プライミング設立。設立当初は、営業戦略戦術を中心に指導していたが、ある企業の業績回復に取り組んだときに、社員の意識行動変革を行うと急激にV字回復した経験から「企業は人なり」ということを実感。以後、自身がマネジメントに苦労した経験も踏まえ「人が伸びれば会社は伸びる」「知行合一」をモットーに、指導内容の中心を人間教育や勉強会・研修型のコンサルに移行。
現在、一部上場企業から中小企業までリーダーシップ研修・マネジメント研修・営業研修・モチベーションコントロール研修・メンター研修・新入社員研修など年間のべ100社以上で行っている。
2004年から千葉工業大学ほかで、人間力をアップするコミュニケーション実践講義を行っており、学生満足度調査は常にトップクラスである。

全米NLP協会認定NLPマスタープラクティショナー、EFT（感情解放テクニック）マスター、日本メンタルヘルス協会公認カウンセラー、日本ペップトーク普及協会認定講演講師、TTW認定インストラクター、コンピテンシーファシリテータ

●ミッション「日本を教育から誇り高い元氣な国にする」
●著書『誰からも頼りにされる人の仕事のやり方』『「できる上司」と「ダメ上司」の習慣』(明日香出版社)
●インターネット番組「一生成長TV」毎週配信中（一生成長TVで検索）

連絡先　info@priming.co.jp

本書の内容に関するお問い合わせ
明日香出版社　編集部
☎(03) 5395-7651

部下《ぶか》がついてくる、動《うご》いてくれる　リーダーの教科書《きょうかしょ》

2016年　11月　29日　　初版発行

著　者　室《むろ》　井《い》　俊《とし》　男《お》
発行者　石　野　栄　一

〒112-0005 東京都文京区水道 2-11-5
電話 (03) 5395-7650（代 表）
(03) 5395-7654（FAX）
郵便振替 00150-6-183481
http://www.asuka-g.co.jp

明日香出版社

■スタッフ■　編集　小林勝／久松圭祐／古川創一／藤田知子／大久保遥／生内志穂
営業　渡辺久夫／浜田充弘／奥本達哉／平戸基之／野口優／横尾一樹／田中裕也／関山美保子／藤本さやか　財務　早川朋子

印刷　美研プリンティング株式会社
製本　根本製本株式会社
ISBN 978-4-7569-1859-8 C2034

編集担当　久松圭祐

「できる上司」と「ダメ上司」の習慣

室井 俊男 著

ISBN978-4-7569-1608-2
本体 1500 円＋税　B 6 判　240 ページ

根本的な能力は売れている営業マンとあまり変わらないはずなのに、なぜか成績を上げることができない。

そんなビジネスパーソンに、できる営業マンの習慣とできない営業マンの習慣を対比することによって、気づきとテクニックを与えます。

仕事が「速いリーダー」と「遅いリーダー」の習慣

石川　和男 著

ISBN978-4-7569-1840-6
本体 1500 円＋税　Ｂ６判　240 ページ

プレイングマネージャーと言われる管理職が増えてきました。彼らは、実務をこなしながら、部下の面倒も見なければなりません。従って、毎日忙しい日々に追われ、自分の時間を持つことができないのです。本書は、リーダーの仕事を早く行うための習慣を 50 項目にまとめました。

強いチームをつくる！
リーダーの心得

伊庭 正康 著

ISBN978-4-7569-1691-4
本体 1400 円＋税　B 6 判　240 ページ

リーダーは資質ではなく姿勢・コツがものを言うというスタンスを実例をあげながら紹介します。コミュニケーションの取り方、チームビルディング、目標設定＆実行など、具体的にとるべき行動とそのコツを実体験を交えつつやさしく解説します。